KEINOSUKE ENOEDA
THE MAN CALLED

TIGER

タイガーと呼ばれた男

空手を世界に連れて行った榎枝慶之輔

江本 精

敬文舎

気迫あふれる榎枝慶之輔の正拳突き。リバプール、ネヴィルカイパース写真館撮影

1986年、イギリス最大の日産工場の特別記念行事で山下泰裕氏と演武を披露。

1963年、第7回全国空手道選手権で初優勝、会長の田中角栄氏から優勝杯を授与される。

虎（タイガー）のパワーと気合：榎枝慶之輔らしい力強くまっすぐに伸びた上段前蹴り。

向かうところ敵なし

榎枝は高校時代に柔道二段を取得しているので、空手においてもその特徴が出る。組手で攻め込んだ際の相手との間合いは、ほかの空手家とくらべても近く、そこからさらに相手を追い込みながら突いて、蹴って、攻めまくるスタイルだ。その恐ろしいほどの気合いから、彼は「虎（タイガー）」と呼ばれるようになる。

英国空手の父として

榎枝は世界一情熱をもった指導者といわれつづけ、どの国でも日本的に、かつ榎枝流にハードな稽古を課した。騎士道精神の残り香がある英国では、彼のファイティング・スピリットは多くの若者に受け入れられ、「榎枝は空手を世界に連れて行った」「イギリス空手の父」と称された。

空手を高く評価し、榎枝ファンを自認していたイートン校学長のマイク・タウン氏と握手する榎枝氏。

「鉄の女」といわれたイギリスのサッチャー首相（当時）と：長年にわたる同国での空手指導に感謝の意を伝えられる榎枝氏。右隣は礼子夫人。

❺

1972年、南アフリカから特別招待を受け、ロンドンから家族同伴で訪れた榎枝師範。

弟子の名優マイケル・ケインとは深い友情に結ばれた。

『007は二度死ぬ』のロケで、旧知の俳優・丹波哲郎に格闘シーンを指導した。

ロンドン・クリスタルパレスでの合宿で指導する榎枝師範。

過酷な稽古に耐えたリバプール初期メンバーは見事に成長し世界選手権を制した。

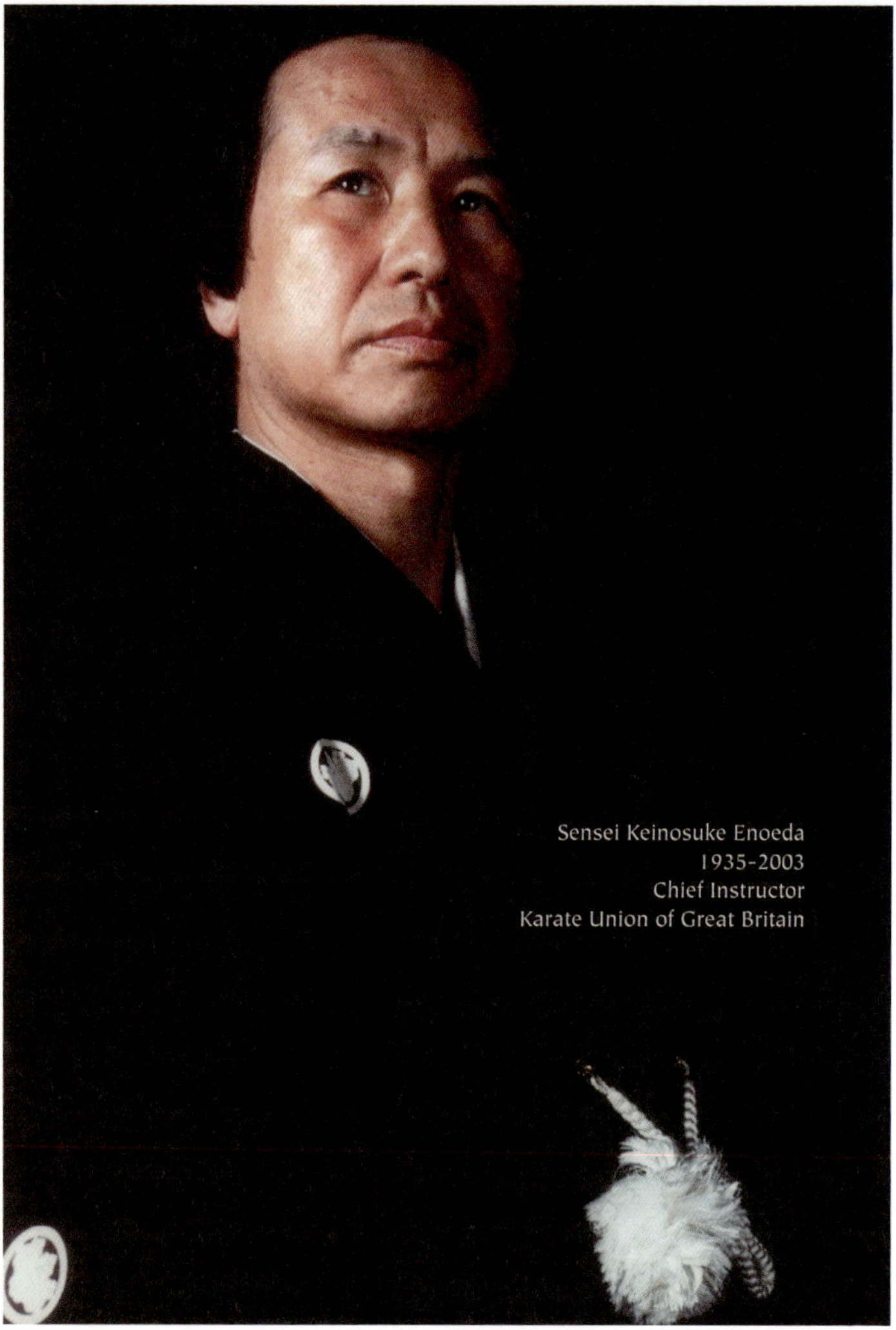

想い出の地、クリスタルパレスで行われた榎枝慶之輔師範追悼式のパンフレット。

タイガー、墜つ

榎枝ほど海外で愛された空手家はいない。彼が天に召された翌月、長年空手セミナーを主催したクリスタルパレスで追悼式が行われた。参列者は榎枝との思い出と触れ合いながら、昔の稽古仲間たちとの再会を果たし、会場は涙と笑い、懐かしさで溢れた。彼と触れ合った空手家の心の中には、いつまでもタイガー榎枝は生きつづけている。

タイガーと呼ばれた男

空手を世界に連れて行った榎枝慶之輔

江本 精

敬文舎

装丁
竹歳　明弘（STUDIO BEAT）
編集協力
阿部いづみ
日高　淑子

写真協力者一覧

・本書に掲載した写真は、以下の方々からご提供いただきました。
　記して、感謝の意を表します。（敬称略）
・著作権に関しましては、十分に注意を払ったつもりですが、何かお気づきの
　点などございましたら、編集部までご連絡ください。

榎枝礼子
榎枝道恵
冨田英男
植山周一郎
岡本信寿
『拓殖大学麗沢會空手部五十年史』
『空手道新教程』
『ベスト空手』
『拳禅一如』
『我が空手人生』
『KARATE DEFFENCE AND ATTACK』
『Keinosuke Enoeda：Tiger of Shotokan Karate』
『LIVERPOOL RED TRIANGLE KARATE CLUB』
『Martial Arts』
『SHOTOKAN KARATE』
『MOVING ZEN』
『BLACK BELT』
『Moderness Karate』
https://www.agila.co.jp/jpn/karate.htm
kugb.org/news/senseipoyntonmemoir/
https://x.com/lohengrin_lud/status/1273650256236822528/
https://www.pinterest.jp/pin/k--849843392168245330/
https://www.nyseikatsu.com/featured-article/07/2022/35966/
https://iskf.com/master-teruyuki-okazaki-memorial-service-friday-11-18-2022/

プロローグ

失われた二〇年、あるいは三〇年といわれる日本経済。その負荷の要因は強い外圧であり、逃げ腰の国のリーダーたちの振る舞いに国民は希望の光を失いかけた。いまだに「謙虚は美徳」という幻影を信じてきた日本社会は戸惑いつづけ、そして自信を失った。

片や、国民の寿命は長く、その肉体はすこぶる元気だ。鈴木イチローはアメリカのメジャーリーグにサムライ魂を本気で植え付け、大谷翔平はいまや〝史上最高の野球選手〟という評価を得るまでに海外で成長し、フィールド上の輝ける容姿は、まるで人種間の隔たりを凌駕《りょうが》したような光を放っている。

彼の鍛え上げた肉体と精神に宿る優しい心を、私は〝ニューヤマト魂〟と呼ぶ。大谷が引っ張り上げた２０２３ワールド・ベースボール・クラシック（ＷＢＣ）での日本の優勝、そしてプロボクシング界で世界四階級制覇した井上尚弥のクールなハードパンチは〝日本復活〟の狼煙《のろし》となるかもしれない。

本論の武道の話に入ろう。じつは日本の武道に対する国際的評価は、ずいぶんと前からハイレベルな状態にあることを、〝東アジアの島国に住む謙虚な日本人〟はそれほど気づいていない。近年の地球環境の急速な悪化と連鎖するパンデミック、そして国家・民族間の絶えない争いというむずかしい世界情勢にあって、「心・技・体」を求めつづける武道は、日本がもっともっと世界に攻め込んでよいソフトパワーなのである。

じつは武道のなかで、現在世界でもっとも競技人口が多い種目は柔道や剣道ではなく、空手（道）である（約六〇〇〇万人）。私自身もこれまでに約四〇か国近く訪れてきたが、海外での想像以上の空手人気に驚かされることが多かった。世界のどこでも、〝黒帯はステータス〟なのである。いまや国際的競技になった空手について、これまでの日本のメディアがそれほど伝えてこなかったのは、これもまた〝謙遜の美学〟の表れであろうか。

もともとアジア東端の島国に住む日本人は、海外へ出ていってしまったものには、さほど興味を示さないといわれてきた。これも「島国根性」の裏返しなのか。じつは国内でも、現在の空手競技人口は約三〇〇万人と、減少傾向がつづく柔道の約一二万人をはるかに超えている。そして空手は、半世紀前から友好親善的な外交手段でもあったのだ。空手の起源が本土ではなく沖縄にあることも一因かもしれないが、我々は世界中に多くの空手愛好家がいることをもっと認識すべきである。

一九六〇年代、「当地で空手を指導してほしい」という海外からの相次ぐ熱烈なラブコールにより、日本政府の要請を受けた「伝統派空手」の組織団体は、戦後の高度経済成長の波に乗るかのように、若いトップクラスの指導員たちを次々と海外に派遣した。日本の武道である空手を「国際親善」として紹介し、対外的にも〝正しい空手〟を普及させるためである。その意を胸に、熱き情熱をもって海外に渡った若き空手家たちは、渡航した地で懸命に空手を披露《ひろう》してまわり、大反響を得た。

そして言語もあまり通じない地にそれぞれ分かれて腰を落ち着け、大きな外国人相手に身体を張り、死に物狂いの気持ちで空手を普及した。彼らのなかには国賓《こくひん》的待遇を受けた空手家もひとりや二人だけではなかったことも、いまや伝説となりつつある。日の丸を背負った彼らの涙ぐましい努力が結晶となって、空手は東京２０２０オリンピックではじめて正式種目として採用されるにいたった。彼らは国際空手のパイオニアなのだ。

しかし幸か不幸か、諸外国は「空手の職人」「空手の達人」ともいえる彼らに、ある程度の指導環境を提供することによって、結果的に彼らを日本に帰してはくれなかった。わかりやすく言えば、道場の愛弟子《まなでし》たちが師匠の道着《どうぎ》の袖《そで》をつかんだまま絶対に放さなかったのだ。一方、国内の空手界はトップクラスの若い空手家たちを丸ごと出しっぱなしにしたことで、空洞化現象を起こしたのではないか、というのが私の見方である。

このような経緯をもった空手の競技化・国際化のうねりに加え、近年の武道全般に対する再評価の声を受け、国内では学校教育での武道必修化の動きが起こった。文部科学省は学習指導要項を改訂し、「武道の特性や成り立ち、伝統的な考え方を理解すること」とした。その結果、二〇一二年度から特別支援学校（中学部）を含む全国の中学校で武道授業が実施されるようになり、二〇二三年度には五七三校に空手の授業が実施されるにいたった。手応《てごた》えを感じたスポーツ庁は、令和五年度委託事業として「令和の日本型学校体育構築支援事業」として第一回全国学校空手道コンクールを開催する運びとなる。

二一世紀に入ったミレニアムの二〇〇〇年、イギリスのケンブリッジ大学に研究留学した元空手家である私は、郷里の大先輩でもある空手道師範の榎枝慶之輔《えのえだけいのすけ》氏がイギリスのみならず全欧州の空手界トップの地位（松濤館流《しょうとうかんりゅう》）にいることを知り、それまでの自分の無知を責めた。それと同時に、「国際親善」として空手を海外で全身全霊で広めた先人たちの偉業が母国日本ではほとんど報道されてこなかったことに対して、大きな戸惑いと小さな義憤《ぎふん》が芽生えた。つまり、これはある意味で自虐的な〝武道に対する過小評価〟ではないだろうか。

海外のことにはあまり耳を傾けないという日本人の傾向は、出版物にも如実に表れている。その代表例は、日本の武道についての大系的著書のひとつで、高価で格調高く表装された『日本の武道』全一六巻（一九八三年）の中の一巻『空手道』である。このシリーズは空手道の師範（七段）となった私の父が大事に保管し、彼の死後に私が譲り受けたものだ。

その『空手道』の「第八章 国際化への道程」の見出しには、冷淡にもこう記されている。「現在、世界各地に定着し脚光をあびている『空手』の多くは……一流の指導者によるものは皆無だったといってよい」と。

これは当時海外で非常に高い評価を得ていた正規高段者の空手指導員たちに対して、まったく無神経でたいへん失礼な評論である。プロの空手家たちの海外派遣は、当時の日本政府の後押しでもあった国際親善事業のひとつであるのに、海外へ出ていってしまったものには興味を示さず、したがってそれらの情報も得ようとしない、という悪《あ》しき日本の閉鎖性があからさまにわかる一文である。
つまり、海外の状況を十分に調べずに武道体系を書いたのだ。これも一種の〝戦後日本の自虐性〟に起因しているのかもしれない。

本書は、日本の空手の国際的萌芽期に〝正しい空手〟の普及として海外に長期派遣され、気迫あふれる指導と大きな人間愛をもって異国の地で大輪の花を咲かせた九州男児、榎枝慶之輔の立志伝を主体とした実録ものである。彼のすばらしい「空手一筋」の人生について、同郷の元空手家でもある私と我が父の空手人生をシンクロナイズさせ、熱い思いを込めて書き綴った。

一九六〇年代に、榎枝ら海外に渡ったプロフェッショナルな指導員たちの多大なる貢献なくして、空手が東京２０２０オリンピックの競技種目に承認されることはなかったであろう。騎士道精神の残り香のあるイギリスを中心に世界中でリスペクトされ、その気合いとパワーから「Tiger of Karate（空手界の虎）」と畏《い》怖《ふ》・敬服され、さらにその豊かな人間性から、いまでも愛されつづけている偉大なる空手師範・榎枝慶之輔。

彼の死後、ロンドンでは数百人が参列するという盛大なる「お別れの会」が催され、涙あふれる追悼本とＤＶＤも出されたが、日本ではその翻訳本も出ないままである。

彼の血が沸き立った「空手一筋」の半生を、約二〇年の構想期間を経て、私は心から日本の皆さんに伝えたい。「空手大使、榎枝慶之輔万歳！　ありがとう！」

なお、最後の章は、私自身が幼少期から「文武両道」を求められてきた人生のなかで感づいてきた「間《ま》」について、これまでにスクラップ的に収集した知見を織り交ぜて書き留めた。

また、本書は、空手の原点を踏襲し、東京２０２０オリンピック競技でも採用された「伝統派空手」を主体に書き綴ったことを、どうかご理解いただきたい。

本書が、天皇・皇后両陛下が二六年ぶりに国賓として訪英されるという、記念すべき年に上梓されることに対して、著者として喜びにたえない。

序章

空手一筋

空手を世界に広める

「エノエダはカラテを世界に連れて行った」

榎枝慶之輔《えのえだけいのすけ》。一九六三年の第七回全国空手道選手権の覇者。優しさと品格を有しながらも、そのはげしい組手《くみて》（相対する二人が自由に技を掛け合う試合形式）スタイルから「虎（タイガー）」と恐れられた九州男児である。

彼は組手試合で全国制覇後、政府公認の特別派遣指導員として「国際親善」をスローガンに、海外で空手の普及に全身全霊で努め、「イギリス空手の父」（イギリスＢＢＣ放送）、「世界でもっとも愛された師範」と言われるまでになった。「Sensei Enoeda（センセイ　エノエダ）」へのラブコールは、彼が天に召されて二〇年以上経ったいまでも絶えることがない。榎枝は世界各地での実地指導だけでなく、イギリスで一五種以上のＫＡＲＡＴＥの指導書を書き、英語で教本を出版したという面からも、世界一の空手家といえるだろう。

最近では、ユーチューブのカラテ・ワールドでも、彼は「世界の空手マスター（師範）ベスト5」に選出されている。榎枝が天に召されて二〇年以上経つが、ヨーロッパのメディアはいまでも彼のことを「空手大使」「空手をオリンピックに連れて行ってくれた男」と賞賛しつづけている、唯一無二の空手家である。

「エノエダはカラテを世界に連れて行った（イギリスＢＢＣ放送）」という賞賛は、彼にとっては面映《おもはゆ》いものがあるかもしれないが、その足取りはまぎれもない事実である。これらの賛辞をわれわれ日本人の多くが認識し、空手の国際化に大きく貢献した彼の偉業に対して誇りをもちたいではないか。

榎枝は先人たちの教えを受け、「空手は動く禅《ぜん》」と魅力的に語り、その普及に努めた。世界中で、空手道の精神と礼儀、そしてあくまでも護身的格闘術としての一撃必殺の技を、ユーモアを交えながら友好的に手から手へ教えてまわった。

彼は居を構えたイギリスを心から愛し、イギリスの空手を育て、「イギリスは世界一の空手の国」と称えた。当時手に負えなかった腕白の青少年たちを、ひたむきな空手の指導でみごとに再生して育て上げた。そのなかのひとり、リバプールのデイブ・ハザードは、いまでも榎枝氏の誕生日には、日本に帰国した奥様に電話をかけてくるという。

榎枝は一九七一年には全欧州トップの師範代となり、世界中から指導の依頼が殺到した。毎年指導に赴いた米国でも、カリスマ的指導者として心から慕われた。彼のパワーあふれるダイナミックな空手スタイルと、武士を想わせる悠然とした立ち居振る舞いに加えて、豊かな人間性は、イギリスにとどまらず世界中の空手家を魅了したことはまぎれもない事実なのである。

カラテ、ブームに乗る

日本の武道「空手」は、この半世紀で世界の約二〇〇か国で受け入れられ、一億二〇〇〇万人以上の愛好者を抱えるまでに発展した。国内での空手創成期には、「空手は不良がやるもの」とやや誤解される風潮があったが、現在あらゆる職種のビジネスマンや、インテリ、学生が自己練磨のため、空手を習得しようと道場や教室に通って汗を流している。

空手は日本のソフトパワーであり、すでにユニバーサル・スポーツ（国際競技）になっていることは、前回の東京2020オリンピック競技種目に採用されたことでも明らかだ。空手が日本の伝統と誇りを明快に体現していることを、我々はもっともっと知っておきたい。

オリンピック種目に限れば、空手はサッカー、バスケットボールに次いで三番目に愛好者人口が多く、男女比が五〇：五〇と男女ともに楽しめるスポーツとなった。空手は一九七〇年代から人気が沸騰《ふっとう》し、海外では黒帯はステータス、国際試合での優勝者はヒーローなのである。

イギリスで空手指導　名優ピーター・セラーズ（中央）に空手を指導する榎枝(左)。右は金澤弘和師範。リバプールにて。1967年

一九六〇年代からの空手人気を背景に、榎枝は、外国のＶＩＰや００７映画のジェームス・ボンド役のショーン・コネリーや、『００７／カジノ・ロワイヤル』（一九六七）で悪役を演じたピーター・セラーズに格闘シーンを直接指導した。

ピーター・セラーズはその後、『ピンクパンサー』シリーズのクルーゾー警部役で日本でも人気があった喜劇俳優である。

『００７は二度死ぬ』（一九六七）のロケでは、榎枝は丹波哲郎をはじめとする日本の俳優たちに空手のプライベートレッスンを提供した。さらにイギリスの名門ケンブリッジ大学やオックスフォード大学の空手部では長年総監督を務め、ロンドンの伝統校イートン（全寮制中学高校）では、当時の学長との深い親交

のもと、空手を体育の正課にさせている。名門イートン校での空手採用は関係者をあっと驚かせたが、榎枝の実力と豊かな人間性に惚れ込んでの英断だったという。

空手の歴史を振り返ると、幸運にも榎枝は空手界にベストのタイミングで出現したスターといえる。まず一九五〇～六〇年代の国内全体での最初の空手ブームのなか、日本を代表する本部道場（四谷）でトップクラスの指導員として活躍中に、全国大会の組手試合で個人優勝した。次に、ブルース・リー主演のカンフー映画が火をつけた一九七〇年代の空前の世界的空手ブームのなか、イギリス首席師範としてみごとにその波に乗ることができたのだ。

榎枝は、六七歳のとき突然の病によって空手一筋の半生を終えることになるのだが、その時点で彼は、イギリス全土に三八〇を超える数の道場と約三万人の弟子、さらに欧州全体では約三〇か国に三〇万人、アフリカを含めると五〇万人以上の門徒を有していた。

国別の会員数でいえば、イギリスの会員数は日本空手協会（Japan Karate Association：以下、ＪＫＡ）がもっとも隆盛した一九八〇年ごろの日本国内の会員数とほぼ同等ということになり、当時のイギリスでの空手の人気ぶりが推察される。

かつての弟子で熱烈な榎枝ファンの作家でもあるロッド・バトラーは、当時の榎枝への注目度は、まるで以前の北斎《ほくさい》（浮世絵画家）ブームのようだったと記す。榎枝はイギリスの映画やテレビコマーシャルにも出演し、多くの空手教本を英語で出版したので、少なくともイギリスでは、空手家としての彼の存在を知らない人はだれもいなかったのである。

絶えることなき追悼

しかしタイガーもひとの子、彼は不治の病に侵され、やむなく帰国した日本で、二〇〇三年春、鬼籍に入った。それと同時に、榎枝の母体であるＪＫＡから、彼の偉業を称えて九段位が授与された。

彼ほど海外で広く長く愛された日本人空手家は、ほかにいるであろうか。亡くなった翌年には、榎枝氏の追悼本『Keinosuke Enoeda：Tiger of Shotokan Karate』がイギリスで出版されて反響を呼んだ。さらに榎枝がイギリスに渡って設立し、亡くなる日まで首席師範を務めた英国空手連盟（Karate Union of Great Britain：ＫＵＧＢ）のフェイスブックのサイト（会員数：約二万人）では、いまでも彼をリスペクトする演出が絶え間なくなされている。

センセイ エノエダを仰ぐ気持ちは、われわれ日本人の想像をはるかに超えている。それらのサイトへの投稿には「Special and formidable sensei」という英語がよく使われていて、これは〝特別に恐れ多い師範〟つまり、〝最高の空手師範〟と理解してよいだろう。

現在もフェイスブックには「Keinosuke Enoeda：Tiger of Shotokan Karate」「Enoeda Sensei remembered」ほか複数の追悼サイトがつくられている。これらを含めた空手関連のサ

全国大会で初優勝　第7回全国空手道選手権大会の個人組手試合で優勝した榎枝(左)。右は準優勝の白井寛選手。東京体育館、1963年

KUGB(英国空手連盟)　創立者である榎枝をいまもリスペクトしつづけている。左はリバプール時代からの弟子、フランク・ブレナン８段。

イトでは、常時数万人以上の弟子や関係者が彼との別れをいまでも惜しみ、生前の思い出を懐かしんでいるのだ。

日本人は伝統的に干支《えと》を大事にするめずらしい民族だ。榎枝の弟子で作家のロッド・バトラーが追悼本に書いているように、榎枝は猪突猛進《ちょとつもうしん》の亥《い》年で、亡くなられた弟太《ふとし》さんも亥年、そして息子の大輔君も亥年という偶然さだ。さらに同郷の元空手家である私、そして私の一人息子も亥年という奇遇は何かの縁だろうか。

空手をオリンピック競技へ

コロナ禍の二〇二一年夏に開催された東京2020オリンピックで、空手ははじめて公式五輪競技（開催都市追加種目）として日本武道館で実施された。日本の武道である空手のオリンピック競技種目への採用は、日本の空手関係者にとっては悲願であり、万感の思いであったろう。個性派揃いでまとまりに欠けるといわれてきた日本の空手界が、柔道同様に武道のスポーツ（競技）化、国際化という難題に戸惑いながら、紆余曲折《うよきょくせつ》を経てオリンピック競技にまでこぎつけたことに、私自身も大きな喜びを感じる。

世界一の柔道家である山下泰裕はかつて、「私には柔の道がある」と名言を吐いた。空手にもいくつかの伝統的な教えや格言は存在するが、空手がマイナーな競技だったせいか、まだだれも「空手の道」というものを直に語ったものはいない。私は榎枝が海外で全身全霊で捧げた「空手一筋」の人生に、美しい正統派空手の道を見る。同郷としてのひいき目もあろうが、「ミスター空手」とは彼のためにあっても良い名称ではないだろうか。偶然にも、「ミスタープロ野球」といわれた長嶋茂雄と榎枝は同学年である。

本書は、「空手大使」といわれた武道家・榎枝慶之輔の空手一筋の半生を、はじめて母国日本で紹介する。タイガーと呼ばれ、異国の地で愛されつづけた榎枝九段のすばらしい空手人生劇場の幕は、いまここに開かれる。

第一章 空手の歩み

空手の起源

「動く禅」

「武道とは何か?」といきなり聞かれると、武道家でも一瞬戸惑う。まして一般人ならなおさらだが、その定義は「心技体を一体として鍛え、人格を磨き、道徳心を高め、礼節を尊重する態度を養う、人間形成の道」（日本武道館）とされる。定義だけでは優等生すぎるので、内田樹《うちだたつる》氏に聞いてみよう。彼の『武道論』によれば「武道の意味とは、格闘における危機的状況下にどうやって生き延びるか、その能力を開発させるやり方を作り上げること」と実践的な答えだ。

護身術として創案された空手には、「空手に先手なし」（船越義珍《ふなこしぎちん》）という有名な教えがある。それは、空手道の格言でもある。つまり、空手を習得しようとしている者は決して先に手を出してはいけない、という戒めである。

船越に師事し、空手の名人といわれた宮田実は、「戦わないことを最善とするが、やむを得ず戦いとなった場合は、ただちに機先を制して一撃のもとに勝敗を決すること」と空手という武道の意義を説明した。「一撃必殺」の理由づけだ。精神修養という意味では武道と禅は似ており、先人たちが空手を含めた武道を「動く禅」とプロパガンダ的に唱えたのもうなずける。ただし、これは榎枝九段を含めた名人・達人たちが到達した、また到達しようとして悩み苦しんだレベルでの話である。

「文武両道」

「文武両道」という言葉は、鎌倉時代の軍記物語である『平家物語《へいけものがたり》』の中で「文武二道」という表現で最初に使われた。いまでも日本人の心の中にしっかりと生きつづけている言葉であり、日本人としての誇りを感じさせてくれる素晴らしい「四字熟語」だ。

かつて武士のたしなみとされていた「武術」は、護身術としての要素が大きく、他者からの攻撃に対する防御術という考え方を基盤にして発祥した。

明治維新後、武術の多くが「質実剛健」を訓《おしえ》とする「武道」として学校教育の正科として取り上げられ（柔道は一九一一年）、とくに戦時中は全国的に武道が盛んに行われた。昭和ひと桁生まれの男子は皆、学校の講堂などで武道をきびしく鍛錬させられたと聞く。あらゆる武道に共通する本質とは、「技を極める」こととされる。
敗戦後、欧米からの意向によって武道は一時的に抑圧されたが、民主化とともに近代スポーツ（競技）として奨励される形となり、世界へと広がりをみせた。国際的に認知されることで、日本の武道はメジャー・スポーツになったのだ。しかし、国内では一九六〇年代以降、高度経済成長とともに学校教育は受験戦争時代に突入、中高生は勉学一本の風潮となり、「文武両道」という教えは現実的ではないという理由で遠ざかった。
一方、戦後の民主主義の思想に加えて、海外での武道人気を背景に武道は男女ともに習得・練磨できる伝統技能として新たな拡大路線へと入った。空手を含めて世界中で武道の公式競技が数多く開催されるようになり、武道は護身術としての意味合いが薄れ、より格闘競技種目としての要素を高めた局面に入っている。

琉球王国の武術「唐手」

我が国でもっとも古い格闘技の記録は、日本の国技とされる相撲である。古事記《こじき》（七一二年）や日本書紀（七二〇年）の中にある力くらべの神話や、有名な野見宿禰《のみのすくね》と当麻蹶速《たいまのけはや》の天覧勝負がそうである。しかし、蹶速、つまり蹴るのが速いという名称から、古代の相撲は現代の相撲とは大きく異なり、足技がある空手のような動きだったと推察されている。相撲はその後神事として、そして武士のたしなみとして生きつづけたが、その間、近代の空手のような記述・記録は見当たらない。

一方、相手と組み合う武芸である柔術は、相撲から発展していった武術である。その柔術から発展した経緯が残されている柔道とくらべて、空手（道）の歴史についての文献資料は少なく、その起源についてははっきりとはわかっていない。しかし、五〇〇年以上前から沖縄にあった琉球王国（尚氏王家）の士族には「手《てぃ、でぃ》」という秘匿された武術があった。それが中国から伝わった古い武術の拳法や日本古来の武術と一部融合し、自衛的な武芸として「唐手」となったという説が有力である。

中国から琉球に拳法が伝わったのは、室町時代に明《みん》の武官が訪れた際か、同時代に福建省《ふっけん》から数百名の移民が入植した際ではないかとされる。空手には日本武道にあまり見られない多彩な蹴り技があるが、それは、唐手が起源だからであろう。

もっとも古い格闘技――文化は西から東へ

世界最古の格闘技はレスリングとされるが、拳だけ使う技法としてもっとも古いのはボクシングである。紀元前二五〇〇年ごろのエジプトのレリーフ画には、そのようすが描かれている。

一方、手も足も使う中国拳法の源流は紀元前一世紀の西周《せいしゅう》の時代ではないかと推察されているが、その後六世紀にインドから中国に渡って少林寺僧になった達磨《だるま》が開祖ともいわれる。

中国は昔から「武より文」といわれてきた歴史があるので、拳法の源流はインドかもしれない。つまり、現代の空手はもっとも古いアジア武術の流れをくんでいる可能性がある。さらに、空手の突きの稽古に巻藁《まきわら》を使うのは日本の剣術の影響である。

中国武術の本来の目的に「看」と「健身」があり、それは見ていて美しい演武、体を鍛えることによる健康である。これらを体現したのが「太極拳」である。

よく混同されるのは、「少林拳」と「少林寺拳法」だ。少林拳は中国河南《かなん》省の有名な嵩山《こうざん》少林寺で禅宗を開いた達磨《だるま》大師が創始した拳法であるのに対し、少林寺拳法は戦後日本で宗道臣《そうどうしん》によって創始された武道である。

「唐手」が本土上陸——松濤館の創立

元来、唐手には三つのルーツがあったが、それまでしごく閉鎖的な武術であった唐手を開放して沖縄での学校体育に取り入れ、体系化に務めたのが、糸洲安恒《いとすあんこう》である。彼の意志を受けついだなかのひとりに冨名腰《ふなこし》（のちに船越）義珍がいる。

唐手の沖縄尚武会会長であった船越は、一九二一年、五二歳のとき、沖縄の首里城正殿前にて当時の皇太子殿下（のちの昭和天皇）の前で、「唐手術」の御前演武を行っている。翌年、県学務課の勧めで東京お茶の水で開かれた文部省主催の「第一回運動体育展覧会」にて、唐手について公式に説明した。唐手の基本は型であり、道具なしでひとりでもできる自己完結型の武道として、その魅力を伝えた。さらに同月、嘉納治五郎《かのうじごろう》の要請によって講道館で公開演武を行い、大きな反響を呼んだ。

その後、船越は東京に居を移し、小石川の明正塾にて道場を開設、図解入りで解説した『琉球拳法唐手』を著した。さらに、柔道にならって道着の着用と段位制を取り入れ、教本も刊行した。一九二九年、彼は慶應の塾生の発案を元に、「唐手術」を「空手」、そして「空手道」と改名した。同年、「東京大学唐手研究会」ははじめて防具をつけた上での組手競技を「東大式唐手拳法試合」として発表した。

船越義珍（1868 ～ 1957）沖縄県出身の空手家。はじめて空手を本土に紹介した。

一九三四年、船越は本郷弓町《ほんごうゆみちょう》に松濤館《しょうとうかん》を創立、その後、この系統は松濤館流と呼ばれ、当時の空手流派のなかで本流と位置づけられた。彼の第一世代の弟子のひとりに元閣僚の小坂善太郎がいる。一方、沖縄から別の系統の本部朝基《もとぶちょうき》、摩文仁賢和《まぶにけんわ》、宮城長順《みやぎちょうじゅん》らが関西で唐手を教えるようになり、大学生を中心に唐手は広がっていった。

松濤館流の創始者である船越義珍という名は、世界的にもよく知られている。一九六七年、父が設立した空手支部道場「精道館」の神棚の横には、いまでも船越の近影が飾られている。

空手の主座を大学に

船越の成功をきっかけに沖縄の多くの空手家が本土に移り、空手の普及をはじめた。空手は柔道や剣道・弓道にならい、「空手道」として関東と関西の大学に根を下ろし、日本各地へと枝葉を広げていくことになる。おそらくこれは当時の文部省の指導方針で、空手を武道として認めてもよいが、中学高校での体育科目に加えるのは、やや危険ありと判断したのではないだろうか。実際に空手の突きや蹴りの威力は、柔道の投げより鋭利であることに間違いはない。しかし、私には柔道の投げ技や締め技も十分に怖くて仕方がないのであるが……。

文部省からの一応のお墨付きのもと、大学空手の中核となったのは、関東では慶應義塾（一九二四）、次に東京（一九二五）・拓殖（一九三〇）・東京商科（現在の一橋）と早稲田（一九三二）、そして法政（一九三四）などで、関西では立命館と京都・関西大学などである。

当時、新種の武道である空手の演武を目の当たりにした学生たちは、空手のもつ民俗的な神秘性に加えて技の鋭さや力強さに新鮮な眼差しを向けたであろう。

近代空手の開祖のひとりである船越は、「空手は形《かた》が中心であり、組手試合をするものではない」とつねづね語っていた。「形」とは四方八方に敵を仮想してつくられた攻防の技から成っている。つまり、空手はあくまでも護身術として身につけるものであり、みずから戦わずして精神と肉体の練磨を目的とするという思想である。実際に、もともと沖縄では形が中心で組手はほとんど行われていなかった。空手の形は柔道や剣道にはない空手の一要素で、力の強弱、体の伸縮、技の緩急が要求される、いわば「武闘的な舞」である。

その後一九三四年ごろから、流派を超えた拓殖・早稲田・慶應の三つの大学間同士で防具を着けて打ち合ったり、「寸止め」（打突寸前で技を止める）による組手試合が行われるようになった。若い都会の学生には、「形」だけでは物足りなかったはずだ。その後、慶大・東大・一橋大・拓大・早大・法大の六校による学生空手道連盟が誕生、全日本の組織団体へと発展していく。そして、一九四二年ごろに現在の組手競技の基盤となる「自由組手」を完成させた。

武道の復権

一九四五年一〇月、第二次世界大戦で日本が敗戦した後、ＧＨＱ（連合国最高司令官総司令部）当局は、軍事色と国粋主義を一掃する目的で五年間にわたり「武道禁止令」を敷いた。それにより、文部省（現在の文科省）は戦時体制に利用していた武道を学校において行うことを禁止し、政府の外郭団体として武道を統制してきた「大日本武徳会」は解散させられた。

部活動を含めた学校体育だけでなく、一般社会での武道の組織的活動も禁止させられたのだ。とくに剣道は、戦争に加担した部分が大きいとしてきびしい対応がなされた。戦勝国は竹刀《しない》と真剣《しんけん》の区別がつかなかったのだろうか。一方、柔道や弓道は、連合国将校に愛好家が多かったこともあり、好意的にみられたという不平等政策でもあった。

空手も武道統制の影響を受けた。東京では昭和初期に多くの大学で空手部ができていたが、みな、解散させられた。ただ、空手は武道としての歴史が浅いこともあり、規制は剣道や柔道とくらべるときびしくはなかった。その理由として、日本に駐留していたＧＨＱ関係者のなかに空手を「謎の格闘技」として興味を示すものも少なからずいたからだ。実際に、松濤館流の開祖である船越義珍は講道館で定期的に米兵を指導していた。

その後、国内で民主化の動きが高まり、柔道は一九四九年に「全日本柔道連盟」を結成、さらに一九五二年にサンフランシスコ講和条約が発効して日本の独立が回復すると、剣道も「全日本剣道連盟」を設立した。

「唐手」から「空手」「空手道」へ

一方、空手界は先述したような背景の中で、一九四八年、松濤館流は「日本空手協会」（Ｊ

ＫＡ）を設立、もっとも早く組織化に成功した。

その後、ＪＫＡは社会的活動が高く評価され、一九五七年に当時の文部省より、空手団体としてはじめて「社団法人」の認可を受ける。それと同時に総本部に研修生制度を創設、第一期生として金澤弘和《かなざわひろかず》（のちにＪＫＡ国際部長、国際松濤館館長）などが入会した。当時自由民主党幹事長であった後の内閣総理大臣・田中角栄氏はみずからが申し出て一九六六年から約二年間、第四代ＪＫＡ会長を努めた。

ＪＫＡ設立後しばらくして、一九六四年にほかの三大流派が中心となって「全日本空手道連盟」（ＪＫＦ）が設立され、同連盟は一九六九年に文部省より「財団法人」の認可を受けた。

これらの武道を統括するような形で一九七七年に発足した「日本武道協議会」には、現在、柔道・剣道・弓道・相撲・空手道・合気道・少林寺拳法・なぎなた・銃剣道の九種の主団体が加盟している。現在、この九団体が日本を代表する武道種目ということになる。

外国の軍人が驚いた空手

日本は第二次世界大戦で敗戦国となったが、戦後、欧米諸国の間で日本の古い伝統芸能に対する興味（好奇心）が深まるにつれ、日本の武道にも強い関心を向ける欧米人が増えた。敗戦国の日本から学ぶものは何もないと言っていた米軍であったが、その空軍戦略爆撃部隊がいち早く着目したのは、柔道と空手だった。

まず、彼らは武道のもつ神秘性や精神性に注目した。とくに空手（唐手）は本来、他人に見せてはいけない秘技とされていた点も、欧米人の好奇心を駆り立てた。次に、彼らは空手の格闘技としての実戦的な有用性を高く評価した。つまり、戦場での接近戦や護衛手段に、鋭い手技も足技もある空手が非常に役に立つのではないかという実利主義だ。


米ソも注目した初の空手専門道場の創立――プロの空手家を養成

当時、沖縄発祥の空手は国内ではさほど知名度が高くなかったが、外国人、とくに軍人から注目されたことに、政府関係者は驚きを隠せなかった。空手への高まる期待をもとに、一九五五年、ＪＫＡは東京四谷に空手研修所を兼ねた我が国初の専門道場（本部道場）を設立した。本部道場の設立理由のひとつとして、当時のＪＫＡ本部には、海外の軍部や特殊部隊、さらに警察からの指導依頼が数多く来ていたからである。文部省から唯一認定されていたＪＫＡは、アマチュアのみならずプロの空手指導員を養成するシステムの必要性を感じたのだ。

四谷の本部道場は設立早々から活況を呈し、三年目を迎えた年には入会者一八〇〇人、外国人会員も百数十名に達した。直接的に空手の指導を行った学校も、全国で五〇以上の大学と二五以上の高校に達した。

米国空軍への指導　米国から空手研修のために来日した米国戦略空軍の兵士たちに空手の指導が行われた。拓殖大学武道場。昭和27年6月20日

我が国初の空手専門道場の誕生には、米国のみならず、当時米国と並ぶ超大国であったソ連（ソビエト連邦共和国）も強い興味を示した。空手を新進の人的兵器ととらえたのであろう。米国からは米軍極東空軍憲兵隊の選抜された憲兵が、本部道場に空手の習得にやってきた。海兵隊や第五空軍などの最強部隊からも入門者が増え、空手に魅了された彼らは日本の全国大会にも出場するほどになった。

一方、ソ連は現ロシアのプーチン大統領の出身母体であるＫＧＢ（ソ連国家保安委員会）の役員たちが見学にきて、本部道場の空手指導員たちが披露した演武を八ミリフィルムに収めて帰国したことは、空手史のみならず、我が国の戦後史においても興味深いエピソードである。

空手親善大使

「国際親善」――指導員の海外派遣

ＪＫＡは松濤館流という当時最大の流派から設立された組織で、近代武道としての理念と教育方針（研修制度）をいち早く樹立し、一九五七年に文部省公認の唯一の空手団体となった。ＪＫＡが研修制度を設立した目的は、空手を世界に普及させるために必要な上級指導者の養成である。日本政府も「外国人に人気がある空手は、敗戦後の国際交流に十分貢献できる」という確信をもって、文化芸術交流事業のひとつとして、空手の海外へのアピールに急いだ。

そして政府とＪＫＡは円滑に連動し、「海外に正しい空手を普及する」というスローガンのもと、ＪＫＡトップの中山正敏《なかやままさとし》は一九六一年、先発隊として船越の最後の弟子のひとりである西山英峻《にしやまひでたか》上級指導員を米国ロサンゼルスへ送り出したのだ。

外国の軍人たちが空手に強い興味を示したのは何故か？　その理由は、戦場での接近戦では手だけの格闘技であるボクシングでは不十分と考えたからだ。手技だけではなく鋭い足技をもつ空手と、投げ技と締め技、そして受け身もできる柔道の二つをマスターすれは、格闘としては「鬼に金棒」と判断した。在日米国空軍を中心に、米軍キャンプに空手指導員を招いたり、本部道場に多くの軍人が空手の稽古に通いつづけたのは、まぎれもない事実だ。

「空手親善大使」の誕生

当時の日本政府は海外からの指導要請にこたえるべく、環境づくりを急ぎ、大学出のトップクラスの本部指導員を、いくつかの大学所属の学術員（インストラクター）とすることで、円滑な海外派遣の道をつくったのであろう。一九五七年から、第一期研修生出身の三上孝之《みかみたかゆき》がフィリピン、一九六〇年に金澤がハワイへと長期指導の旅に出た。

一九六一年、西山につづいて本部の上級指導員である岡崎照幸が米国フィラデルフィアに長期派遣される際は、当時の小坂善太郎外務大臣主催の壮行会が、芝の白金公邸（現在の東京都庭園美術館）で行われており、空手が日米親善にいかに期待されていたかがわかる。その後もＪＫＡ首脳部は急速に高まる海外からの熱いラブコールに備えつづけた。小坂善太郎は松濤館流の一橋大学空手道部ＯＢでもあり、その後長くＪＫＡ会長（一九七二～八四）を務めた。

ＪＫＡ本部は、柔道と空手の両武道の猛者である加瀬泰治《かせたいじ》上級指導員と一九五七年と

スペイン国王来日　スペインのフアン・カルロス１世国王夫妻が来日、記念に赤坂迎賓館で空手演武会が開催された。王妃の左が小坂善太郎外務大臣兼 JKA 会長、その隣が中山正敏 JKA 首席師範。1980年

一九五八年の全国空手道選手権を組手競技で連続制覇した金澤弘和上級指導員に、語学研修を含めて長期渡航の準備をさせた。

さらに、一九六二年の同大会の覇者である白井寛上級指導員を東京都立大学、その翌年の覇者である榎枝慶之輔上級指導員を東京芸術大学の教官として空手の指導を行わせつつ、彼らを海外へ長期渡航させるタイミングを見計らっていた。

彼らは日本を代表する「空手親善大使」であり、本書の主人公である榎枝の登場は、当時国際友好親善の切り札とした空手が、国際化していく過程での、絶妙なタイミングだったといえる。

米空軍戦略部隊と中山サーカス

ＪＫＡを創設した中山正敏は、一九七〇年代の半ばに当時を振り返ってこう語っている。

終戦後数年たったころから、駐留米国軍人から空手指導の要請があり、今日は立川、明日は木更津、明後日は横浜と空手道を含めた日本武道の指導をして回った。毎日のように転々と巡回して指導をしていたので、「中山サーカス」と呼ばれた。

この巡回指導が米国本土の空軍戦略部隊（ＳＡＣ）総司令部の体育指導官ブルーノー中尉に伝わった。早速、彼は一九五一年に第一期生として全米体育指導責任者二三名を日本に送り込んできた。中山は、「私が感心したのは、この二三名全員の人種が異なっていたことだ。つまり、北欧系、南欧系、アジア系など多彩で、どのタイプが空手道、もしくは柔道に向いているか緻密な配慮があったからだ」と語っていた。

中山正敏（1913～87）「素手の格闘技では空手が最強」と語る、武士を思わせる指導者。

たとえそれがアジアの東の敗戦国のものであっても、自分たちにはなく、それが良いものと思うなら、それがなんであっても熱が冷めないうちに取り入れないと気が済まないという、貪欲な米国人気質が垣間見える貴重なエピソードである。その後もしばらくの間、中山は通訳付きで米国軍人幹部にも実地で空手の手ほどきを行っている。そして一九五二年、ブルーノー中尉は中山らの献身的な熱い指導に報いる形で、米空軍の体育正課に空手を採用した。

「武道使節団」の渡米

さらに翌年、米国政府はＪＫＡの西山を含めた日本を代表する三名の若き空手指導員を、六名の柔道指導員とともに「武道使節団」として米国に招聘《しょうへい》した。そして彼らは一〇〇日間もの間、全米の二五キャンプの空軍基地を巡回指導して回るという強行日程をみごとにこなした。米国で空手が認められたことは、世界全体とくに西洋で空手が受け入れられる可能性を強く示したことになり、この米国での巡回指導の大成功が、その後の榎枝らトップ四指導員の世界視察の旅（正式には訪欧米演武団）へとつながっていくのである。

戦勝国であった米国の精鋭部隊が身に付けたい格闘術のひとつとして、日本の武道である空手が高く評価されたことを、我々はもっと誇りに思うべきだ。ただ、その後米国軍人が身につけたであろう空手が、彼らの実戦の中でいかに役立ったのか、私はまだ十分に知り得ていない。

「近接格闘術」の現在

現在、世界中の軍隊での格闘技は独自の発展をみせているようだ。たとえば、米国の精鋭隊である海兵隊では、マーシャル（武道）プログラムという統合訓練が行われていて、徒手格闘や小銃・銃剣を統合した形の、より速効性の高い「近接格闘術」となっている。つまり、上述したような空手の技をそのまま習得するようなのどかな時代は終わり、現在はいくつかの格闘技をコンパクトに統合してダイレクトに殺傷にこだわる即効性を身につけている。

それでも空手を主体に習得したい場合は、個人的な修練として認めているという形だ。たとえば、二〇一八年から米海兵隊第三海兵師団の副師団長を務める大佐のジェイソン・ペリーは親子で空手好きだ。彼は父親が沖縄勤務時に習得した空手を子供のころから身につけ、現在七段の腕前で、沖縄への赴任を「特権」と喜んでいるという（『読売新聞』二〇二一年八月一二日夕刊）

空手に先手なし

多くのスポーツでは、「先手必勝」が勝利への合言葉になっている。たとえば、日本でもっとも人気が高い「野球」という球技の試合では、先取点の獲得が勝利の確率を高め、初戦での勝利は短期決戦での勝利につながりやすい。ひと昔前では、長嶋ジャイアンツ（長嶋茂雄監督時代の読売巨人軍）が「開幕ダッシュだ！」と声高に叫んでいた。

一方、日本の武道では礼節が重んじられ、護身術としての要素が大きいため、先に手を出してはならないとされてきた。武道は喧嘩ではないので当然である。とくに空手では突きや蹴りが、いわゆる鋭利な飛び道具となるため危険度が高く、「先に手を出すな！」、つまり、「空手に先手なし」が訓戒となった。

松濤館流つまりＪＫＡの創立時に作成された「道場訓」は五か条からなり、日々の練習が終わる際に、儀礼的に一同揃って正座をして声を出す。私の父の道場では、稽古の前後に師範を前に正座して礼をするだけのシンプルなものであったが、学校教育の場である高校の空手道部では、正座での道場訓の声出しは、稽古の終了時に必須であった。

しかし、高校生であった私は、その文面の意味を深く考えたことはなく、ただただ、きつい稽古が終わってくれた安堵感だけで唱えていた。

空手にすがる思い

じつは私の父は、昼夜問わず、とにかく忙しい産婦人科の開業医であった。まだお産が多い時代で、ひと月に五〇人以上の分娩を何十年もの間、ほとんどひとりでこなしていた。

そのようなまさに経済が右肩上がりの昭和を象徴するかのような激務のなか、父は三〇歳代半ばのある日、本人いわく、ある目上の人からの電話で予想もしなかった言い掛かりをつけられた。対面ではなかったのだが、父は何日も眠れないほど悔しい思いをした。相手は声も野太いガッチリとした体格の柔道有段者の猛者《もさ》であったことも、父の恐怖感を高めた。

悩める父は、気ばらしでふらりと入った映画館で、たまたま空手の映画を見て、至極単純にも「柔道に勝つのは空手しかない！」と心に決めた。そして一念発起で父母が経営していた自宅敷地内にあった石鹸《せっけん》工場の元倉庫を改装し、小さな稽古場をつくり、そこで父は当時注目されつつあった空手の特訓を受けることを決意した。

日本中がアジア初のオリンピックである東京五輪に湧きかえり、柔道がはじめて五輪競技種目となったオリンピックイヤーの翌年、一九六五年のことである。

はじまりは小さな稽古場

武道を含めた芸能や競技の上達は、指導者の腕次第ともいわれる。父が自宅敷地内につくった小さな稽古場に、地元では有名な空手家に来てもらい、父への個別指導がはじまった。空手の基本技の反復、サンドバッグを吊るしての蹴り、締めのうさぎ跳びなど、毎日汗だくになって稽古に励む父の姿を、幼稚園に入ったばかりの私は、なんとなく不安な気持ちで見ていた。医者の白衣と汗だくになった空手着が合致しなかったからだ。

半年ぐらい経ち、父が空手の稽古に慣れ出すと、私の不安は現実のものとなった。つまり、幼稚園児の私にまで空手の稽古の声がかかったのだ。まだまだ父親という存在は、とにかく怖いだけの存在だった昭和の時代であり、五歳の私は首を横に振ることもできず、ランニング、サンドバック叩き、うさぎ跳びを毎日させられた。当時はやった劇画、アニメの『巨人の星《し》』のような典型的なスパルタ教育であったが、いまでは発達上、幼児にはうさぎ跳びを強いてはならないことになっている。

父は空手が上達していく実感があったのか、周りからおだてられたのか、ますます空手へ思い入れを深めていった。そして二年後の一九六七年、小さな稽古場を閉鎖し、自宅敷地内の一二〇坪の古い旧倉庫を分厚い板張りの床を敷いて改築し、大きな空手支部道場をつくってしまった。自宅に道場があれば、息子は逃げ隠れすることができない。これによって、その後十数年間の私の空手人生の道筋が決まることになる。

多種混合は日本の伝統

空手の流派とは一体なんなのだ？　とよく聞かれる。じつは、空手の母国である日本人でもよく理解していない。もともと、沖縄の唐手は一人一流といわれるほど、技に個人差があったからだ。まして合理主義をモットーに近代文明を築いた西洋人から見れば、空手がいくつかの流派に分かれていることについて、当初は理解しがたかったに違いない。

元来、日本の伝統芸能は、長い歴史のなかで多流派を良しとしてきた。茶道・華道・能・狂言・歌舞伎・日本舞踊といった伝統芸能は皆、流派間で競い合い、尊重し合って発展した。剣術や柔術も然りである。共存共栄、これも「和」の精神のひとつの表れなのだろう。

そもそも武道のスポーツ（競技）化という流れは、自己鍛錬のみでは満足できずに試合で優劣を決めたがる西洋人たちの要望ではじまった。「彼らは順位を決めることで与えられるカップやメダル、トロフィーを好むのだ」と日本文化をよく知るアイルランド人作家で空手家のC・W・ニコルは、わかりやすく語っている。

しかし、戦後の民主化とともに競技化し、国際化していった空手は、伝統的に多流から成るという構造がスポーツ化するうえでの最大のハードルとなった。流派によって立ち方や構え方、そして技やルールが異なるからだ。

一方、柔術はもともと剣術の裏技として、いくつかの流派によって長く伝承されてきたものだ。それらの柔術のなかには、空手に似た「当て技」や「蹴り技」があったが、嘉納治五郎《かのうじごろう》がそれらを除外して柔道という新しい武道として創案体系化した。

それによってスポーツ化が容易になり、日本の高度経済成長の波に乗り、柔道は世界中に広まったのである。逆を言えば、「当て技」や「蹴り技」を柔術から排除したため、空手が新種の武道として日の目を見ることができたともいえる。

したがって柔道や剣道とくらべて、現在もまだ多流派から構成されている空手は、発展途上の武道だ。ただ、プロボクシングもＷＢＡやＷＢＣなど複数の競技団体が併立している点は空手とやや似通っている。これは格闘技が本来もっている宿命かもしれないが、最近はプロボクシングも国際試合での統一化が進んでいる。

一方、多流派に対して新しい見方もでてきている。空手のみならず柔術においても、いくつかの系統に分かれている点を、若い武道愛好家は〝面白い（格好がいい）！〟、と好意的にみている。彼らは流派の大小や歴史にこだわらず、自分に合ったスタイルを探し求めるという、個別化を楽しんでいるのだ。

抑え込み技・投げ技・締め技・関節技が主要技術のブラジリアン柔術（公式には寝技柔術）がそれに当たる。多種の攻略法からなる柔術は、レスリングより奥が深いと言う人も多い。流派間の技の趣向の違いを、外国人を含めた若い世代は〝My Budo〟というふうにマニアックに捉えているのかもしれない。現在、柔術の道場は世界中で急速に増えており、米国では柔道の道場が約三〇〇あるのに対し、柔術の道場は三〇〇〇を超えているのが実状だ。この傾向がつづくと、いずれオリンピック競技種目に柔術が選ばれる可能性も出てくるであろう。

日本空手協会の発足

四大流派の発展

空手ほど流派に富む武道はほかにないが、もともと空手には、流派は存在しなかった。ただ、発祥地である沖縄で「手《ティ、ディ》」とか、「唐手《トゥーディ》」と呼ばれていた時代に、その伝承地によって「首里手」「那覇手」「泊手」と表現されていたのだ。これらも流派として分類されるほどではなかったが、これらを源流として、唐手は明治期の沖縄で学校教育に取り入れられ、その後本土に渡っていった。

大正時代から昭和時代にかけて「唐手」は「空手」、そして「空手道」として昇華し、当時の大学生に強く支持された。おそらく空手という新種の格闘技のもつ危険性から、まずは中高ではなく大学に導入してみて、その反応をみるという当時の文部省の意向だったのであろう。

船越につづいて沖縄の多くの空手家が本土に渡り、空手の普及をはじめたことにともなってさまざまな流派が生まれた。大正時代から昭和時代初期にかけて船越が伝えた空手が松濤館流と呼ばれるようになり、一九三〇年代に大日本武徳会は、松濤館流に剛柔流《ごうじゅうりゅう》・糸東流《しとうりゅう》・和道流《わどうりゅう》を合わせた四つを四大流派として登録した。

これら四大流派は関東や関西の大学生に支持される形でまとまりをみせ、流派間の交換稽古によって基本技の応用である組手技術が急速に発展した。

そのなかで松濤館流が、いち早く体育としての空手道の完成に努めると同時に実戦力を保持した。その後、大学で松濤館流を体得した空手家たちが先導してＪＫＡを設立し、多流派に先駆けて文部省の公認を得ることに成功した。彼らはよりダイナミックで鋭い武道空手を確立し、空手のリーダー的立場で世界各地へ飛散して日本の空手を世界に広めた。

一方、沖縄では戦後独自の流派が展開し、松林流《まつばやしりゅう》・上地流《うえちりゅう》・沖縄剛柔流などがあり、現在も高い人気を誇っている。

流派と組織化

その後紆余曲折あったが、現在でも伝統派空手のなかでもっとも国際的に発展しているのが松濤館流で、それは会員数に表れている。一方、ほかの三流派は「正しい空手」をスローガンに我が道を突き進む姿勢を見せるＪＫＡ（松濤館流）に拮抗する形で、一九六四年和道流が中心となってＪＫＦという団体を設立、一九六九 年に第一回の全日本選手権大会を開催した。現在も、ＪＫＦが空手道の統括団体として中心的存在だ。なかでも和道流では自由組手が盛んに行われ、多くの覇者を誕生させることに成功した。

一方、剛柔流は中国の武術である白鶴拳《はっかくけん》との近似性が指摘されている流派で、四大流派のなかでもっとも早く流派名を名乗った歴史をもつ。最後に、糸東流は守りを重視する伝統があり、とくに型が美しい。特徴的な立ち方と呼吸法が素晴らしい。昭和の時代には、実戦主義に徹するフルコンタクトとしての空手を確立した極真会を含めて五大流派と呼ばれていたが、流派間の技の違いは主として蹴り技に現れている印象がある。

結局、流派間での技術や指導法、階級の審査法に隔たりがあったため、空手は競技団体としての統一化が遅れた。そのため、空手が国体の正式種目になれたのも一九七九年の宮崎大会からである。現在、国体では競技をしない合気道と少林寺拳法以外の七武道の競技が行われている（一部は隔年実施）。

ちなみにテコンドーは、ＪＫＡ創立以来長く幹部を務めた高木正朝らによると、船越が指導する松濤館流空手の門弟であった韓国軍人の崔泓熙《チエホンヒ》が、朝鮮戦争の際に銃に身を委ねたまま足技だけで相手を制することができる武術の研究をはじめたことが起源だという。一九五五年、崔氏はこの格闘技をテコンドーと正式に命名、一九五九年には空手の形に独自の形を加えた『テコンドー教本』を上梓して体系化に成功した。極真会を創立した大山倍達《おおやまますたつ》が最初に習った空手も松濤館流である。

伝統派空手とフルコンタクト空手

従来から、空手の競技にはわかりにくい点がある。それは組手の試合で技を直接相手の身体に当てたらいけないのか、それとも当てても良いのかという点だ。

前者は「伝統派空手」と呼ばれる競技団体で、護身術を原則とした沖縄の唐手を踏襲している。伝統派空手はいわゆる「寸止め空手」と呼ばれる格闘スタイルで、寸止めとは突きや蹴りの技を相手に当たる寸前（三センチ～五センチ）で止めることで、相手の身体への危険性を抑えようとする考え方だ。伝統派空手の主体は先述した四大流派である。

一方、後者は「フルコンタクト空手」と呼ばれる競技団体で、極真空手を代表とする実戦主義を重んじた直接打撃制の空手で、防具なしの「直接打撃制」と「防具付き空手」がある。それ以外のフルコンタクト空手団体もそれぞれの理念と修行方法、試合ルールを守って空手道の普及と発展に貢献し、いずれはフルコンタクト空手を統括してオリンピック競技化を目指している。

防具付き空手は剣道のような面と胴着を着用して直接相手に打撃を行うもので、練武会などの伝統派空手の一部が完成させ、空手界初の全国選手権大会（一九五四年）は防具付き組手で行われている。私も高校時代は防具付き組手をよくやらされたが、防具を通して相手に直接触れるので有効な技を出すタイミングが体得できるようになった。ただ、面をかぶっているので相手の動きや相手との距離感がわかりにくく、夏は汗を吸収した防具が重たくて暑くて仕方がなかった。

拳の先に目がついている

メジャーリーグや日本のプロ野球の世界でも、良い投手というのはデッドボールがじつに少ない。打者に当てることは四球と同じでコントロールを欠き、投手にとってじつにマイナスであることを、良い選手ほど知っている。逆に、大打者といわれる選手もデッドボールは少なく、これは反射神経と球筋に対する読みの良さであろう。

スポーツ化した空手（伝統派）も同様である。相手に技をモロに当てると反則負けになるわけだから、その寸前で技を止めることが重要となる。ひと昔前は「寸止め」では真の威力はわからないので、それは「空手ダンス」だと揶揄《やゆ》された時代もあったが、当ててしまうより一寸前で力強い技をビシッと止めるほうが技術的にはむずかしい。打点の目標を相手の身体の急所寸前に設定して、そこにコントロールよく最大の衝撃力を爆発させるという考え方だ。

しかし、どれくらいの距離をもって寸止めとするのかの判断はむずかしい。三センチ〜五センチ手前と規定はされているが、計測することはできないので熟練の審判員の目検討ということになる。とくに上級者同士がきわめて早い技を応酬した状況では、経験豊富な審判員でもその判断がむずかしいこともままある。私のような平凡な空手家ではなおさらだ。相撲のように常時ＶＴＲを補助としたら、日が暮れてしまう。ＶＴＲを含めてメジャー・スポーツの野球やサッカー・テニスでは判定が年々機械化してきたが、いまでも野球のストライクの判定は主審の主観のみで決められているのが現状である。

イギリスのリバプールで榎枝慶之輔の模範演武をすぐ目の前で見学したレイトン氏は、「榎枝氏はパワーがすごいうえに、見事な寸止めの技術をもっていた。榎枝氏の突きが、自分の妻の鼻先三センチ位でビシッと止まることに驚嘆した」と語っている。よく言ったもので、寸止めとは一寸（三・〇三センチ）手前、それはおよそ一インチ（二・五四センチ）であり、これが真の寸止め空手だ。空手の達人には、拳の先に大きな眼がついているのであろう。

日本空手協会（ＪＫＡ）――空手の競技化と海外展開

「空手に先手なし」が教えの松濤館流空手から設立された組織であるＪＫＡは、単独の会派団体としては世界最大規模を維持している。紳士的な団体というイメージと裏腹に、本部道場での稽古は世界でもっとも過酷（伝統派空手）といわれてきた。公式試合でも同様で、空手映画「黒帯KURO－OBI」（二〇〇七年）の企画者の西冬彦《にしふゆひこ》はその取材でＪＫＡの全国大会を観戦した際、「こんなすごい空手があったのだ。でもどうして世の中に知られてないのか？」と驚きを隠せなかった。

現在もＪＫＡの総本部道場には三〇余名の専門指導員が常務しており、国内はもとより世界各地からの練習生の指導に当たっている。さらに、世界各地からの派遣要請などに応え、五〇年以上にわたって数多くの指導員を派遣し、現在も約二〇名が長期滞在中である。

加えて、社団法人ＪＫＡでは当時の中山首席師範と高木正朝理事が見事なタッグを組んで強いリーダーシップを発揮した。そして、文部省（当時）の公認を得たことを記念して、念願の空手道の試合化に踏み切り、一九五七年一〇月に東京体育館において約八〇〇〇名の観衆のなか、第一回全国空手道選手権大会を開催した。

これがはじめての空手日本一決定戦である。榎枝慶之輔が拓大主将の年である。これによって組手と形の試合形式がはじめて整備され、以後空手道が猛烈なスピードで世界中に普及することになる。一九六一年の第五回大会には現上皇陛下（当時、皇太子殿下）のご臨席を賜るなど、もっとも歴史のある空手道大会（内閣総理大臣杯）として今日にいたる。

空手は国内より、むしろ海外での人気のほうが圧倒的に高い。空手人気は西洋のみならず、アラブ諸国でも熱狂的である。ＪＫＡは一九七〇年から政府との連携を含めて述べ四〇名以上の指導員をアラブに派遣してきた。

なかでも傑出しているのは、一九七〇年にＪＫＡ本部がシリアの警察学校からの指導要請を受けて派遣させ、その後アラブ地区主任指導員と成った岡本秀樹であろう。彼はシリア国立日本武道館やエジプト・カイロの武道センターの設立に貢献し、「空手でアラブを制した男」といわれた。当時、エジプトのサダト大統領の息子も彼に空手を習っている。

ちなみに、現在の東京都知事である小池百合子はアラブでの空手と深い関係がある。彼女はカイロ大学学生時代のころ、現地での空手の広報活動に携わったことは、空手界ではよく知られている。

遅ればせながらＪＫＡに拮抗する形で発展してきたＪＫＦは、一九七二年に日本体育協会への加盟および一九七九年に国民体育大会への参加を推進し、国民体育の一環としての空手道の地位を確立した。同時に試合制度の整備や競技ルールの改良など、空手道の発展のための環境づくりを進めた。

一九九九年、ＪＫＦは国際オリンピック委員会（ＩＯＣ）公認団体である世界空手連盟（ＷＫＦ）の承認を取得し、二〇一二年内閣府の認可を受けて公益財団法人に移行した（ＪＫＦＨＰ）。ＪＫＦは空手をオリンピックに大きく近づけたのである。

COLUMN

空手発祥地の沖縄伝統空手の復興

沖縄空手の源流を汲んだ「沖縄伝統空手」は脈々と受け継がれていて、現在沖縄にはさまざまな流派の三〇〇～四〇〇の道場があるとされ、子どもから九〇代まで幅広い年代が鍛錬に励んでいる。

東京2020オリンピックの男子形で金メダルを獲得したのは、沖縄出身で劉衛《りゅうえい》流《りゅう》　龍鳳会《りゅうほうかい》に所属する喜友名《きゆな》諒《りょう》である。

沖縄県は一〇月二五日を「空手の日」に制定。

喜友名諒（1990 ～）東京2020オリンピックの男子形競技の金メダリスト。

県指定無形文化財保持者による奉納演武や一般空手家による集団演武が行われ、現在、沖縄空手をユネスコの無形文化遺産に登録するための活動も進められている。

海外でも沖縄伝統空手はたいへん人気で、沖縄剛柔流空手道の習得のために長年沖縄に通うデンマークの

COLUMN

ヘンリック・ラーセンは、「沖縄はこの四〇年で大きく変わったが、沖縄の空手は変わらない」と語る。ポルトガルのジョージ・モンテロは、「空手は人生そのもの。空手の礼儀を学び、人間として成長することができる」。

同組織団体の国際沖縄剛柔流空手道連盟には世界三三か国に約七万五〇〇〇人の会員がいて、空手の発祥地沖縄で定期的な師範クラスの指導者合宿を行っている。

主席師範を務めるカナダ在住の中村哲二は、「定期的に指導者合宿を行う目的は、国際化で出てきた技のバラツキをなくし、正しい型をそれぞれの国の指導者に直接伝えること」と語っている。

第二章　空手との出会い

「空手のメッカ」直方

武道が盛んな福岡の旧城下町「直方」

榎枝慶之輔《えのえだけいのすけ》と私の郷里である直方《のおがた》市は、福岡県北部中央に位置する遠賀川《おんががわ》沿いに開けた人口約六万人の地方都市である。同市は明治時代から昭和初期にかけて日本最大の石炭産出量を誇った筑豊《ちくほう》炭田の最大の商業都市であったため、昭和三〇年代ごろまでは非常に活況を呈した。

筑豊は、福岡県出身の五木寛之《いつきひろゆき》の『青春の門』の舞台であり、直方は林芙美子《はやしふみこ》の『放浪記』の出発点でもある。現在でも観光地などで根強いニーズを持つ「人力車」は、直方出身の和泉要助《いずみようすけ》が一八六九年に西洋馬車を参考に発明したものだ。

だが、筑豊で石炭が産出される前の江戸時代、直方村には福岡（黒田）藩の支藩である東蓮寺《とうれんじ》藩（のち直方藩）が一時置かれていた城下町であり、現在もその面影をわずかに残している。東蓮寺藩には同藩発祥の武術・双水執流《そうすいしつりゅう》があり、現在も同流派清漣館《せいれんかん》がその伝承に努めている。

向野堅一記念館　直方レトロ建築地区にある1922年建築の旧讃井病院。国の登録有形文化財。

榎枝の母方の先祖は武家で、直方藩士だったと聞く。

戦後の直方は、体育ではバレーボール・空手・相撲が盛んで、元大関魁皇《かいおう》（現、浅香山親方）を輩出している。バレーボールは県立直方高校の男子部が、一九七〇年代から八〇年代にかけて通算四度全国大会で準優勝している。

私の父である江本精一郎が創設した空手支部道場は、東蓮寺藩の陣屋跡近くにあり、現在もＪＫＡ直方支部として創設以来半世紀にわたって活動を維持している。

空手家が取り上げた元大関魁皇

直方出身の魁皇関（本名：古賀博之）が優勝したときや大関に昇進したときは、地元直方は大変な騒ぎになったが、じつは魁皇は産婦人科病院の院長で空手家でもあった私の父が、一九七二年七月二四日に取り上げたビッグ・ベビーだった。

つまり、彼は出生時四二五〇グラムの巨大児であったのだが、無事安産で生まれたことが、

元大関魁皇の銅像　JR 直方駅前に立つ。2014年建立。

魁皇と父　初優勝して郷里に凱旋した魁皇と、医師兼空手家の父。2000年

その後の大活躍をもたらしたといえる。

「空手家が取り上げたので怪力になったんだろう」と当時の父が冗談を言って地元では盛り上がっていたことを思い出す。生前、父は、あの大きな赤ちゃんが大相撲で五回も優勝する名大関になろうとは、だれも予想がつかないよ、と語っていた。

魁皇が当時相撲界一の怪力だったことは、私がいちど元横綱の千代の富士関（九重親方）と会食の機会を得た際に親方自身が語っていた。握力がものすごく強く、すでに中学時代に右手だけでリンゴを握りつぶしていた話は有名だ。彼の中学時代に相撲を教えた地元の教師も、昔のエピソードをこう語っている。「古賀君は中学二年ごろから身体がどんどん大きくなって、急に力も強くなった。いちど、土俵上で彼にまわしをつかまれて片手でひょいと身体を釣り上げられた際、その高さから土俵下の地面を見たときの怖さはいまでも忘れられない」。
これは、怪力魁皇の誕生秘話のひとつである。故郷の誇りであり、人気力士でもあった魁皇の引退相撲に招待された私は、魁皇の父親と実兄と一緒に並んで彼の最後の勇姿に拍手を贈った。実力的には横綱だったが、大関を長く務めてくれたことで、地元ファンを喜ばせてくれたのかもしれない。ちなみに、本書の主人公である榎枝と魁皇は、同じ直方第二中学校出身である。

「空手のメッカ」

直方は、東蓮寺藩時代に剣術が盛んであったことから、明治時代以降も武道は盛んであった。明治維新で産業構造が大変革を起こし、筑豊地方は日本最大の産炭地となった。炭鉱景気に湧いて町が活性化された影響もあり、戦後、当時新種の武道である空手に対する興味が急速に高まった。東京の大学で空手を習得した若者が、同郷の後輩を勧誘して入部させたり、帰郷して空手を教え出したたからだ。
父が創立したＪＫＡ直方支部の初代館長であった辻公平《つじこうへい》（法政大学空手道部ＯＢ）をはじめ、大学空手で名をはせ、さらにプロの指導員として海外に渡った数名の空手家をつづけて輩出し

拓大空手道部の若手OB　直方を「空手のメッカ」と言わしめた。中央のランニング姿が入江敏夫、右隣が岡崎照幸、前列左端は森正隆。昭和32年9月

たことにより、昭和三〇～四〇年代、直方は「空手のメッカ」といわれるようになる。

そのような流れのなか、直方は岡崎照幸・森正隆《もりまさたか》・榎枝慶之輔という著名な国際的指導者を三人輩出している。三人とも、当時最強といわれた拓殖大学空手道部出身者で、全員が主将を務めている。岡崎はJKAの北米・中米総師範、森はニューヨーク主任師範、米国師範となって、二人は米国での空手の普及に大きく貢献した。

岡崎の米国での門弟には社会的にも素晴らしい人材がいる、とよくいわれる。彼は「新しい空手などない」という信念をもち、異国の地で基本に忠実で正しい伝統空手の指導と精神的な教えに徹した。かたや森は、ニューヨーク・マンハッタンのビルにある

彼の道場の床を板張りにして、日本と同じく弟子たちに雑巾《ぞうきん》掛けをやらせた。

しかし、空手は野球やサッカーのような世界的なメジャー競技ではなく、新興の一武道であるがため、その古き栄光の時代を認識している人は地元でもわずかである。それに、当時は空手で日本一になっても、マスコミはほとんど注目をしてくれなかった。突きや蹴りを主体とする格闘技に対する警戒心もあったのだろう。

岡崎と森という郷里と大学部活での二人の大先輩からのたっての要請で、榎枝は渡欧したのちにも毎年アメリカ本土とハワイに指導に出向き、彼のパワフルかつフレンドリーな指導は米国でも大好評を得た。以前のような活況が消え失せつつある福岡の地方都市・直方が産んだ数名の空手家たちが、世界のトップクラスの指導員であったことに、同郷である元空手家の私は誇りに思わずにはいられない。

ちなみに、「仏壇のはせがわ」を仏壇業界で日本一にしたのは、直方出身で二代目の長谷川裕一であるが、彼は龍谷大学で空手をはじめ、帰郷後は父の道場に通っていた。空手で鍛えた精神と肉体が、彼を「日本一の仏壇や」にした原動力であろう。また、分野は異なるが、遠賀川沿いの直方の北隣にある中間市は名優・高倉健（本名　小田剛一氏）の出身地である。彼も思春期にはボクシングを習っており、そういった土地柄である。

「精道館」の誕生

私の父である江本精一郎は、同地区に大分県宇佐市から越してきた両親が営む大きな乾物《かんぶつ》商《しょう》の長男として生まれたのだが、父母の強い意向で幼児期から医師になることを宿命づけられた。そして両親からのきびしい躾《しつけ》と教育により、猛勉強して京都大学医学部に入学、国家試験に合格して期待どおりに医師になった。

その後、父母の期待を一身に背負い地元で開業して数年経ったころ、四四ページで述べたように、人生観が変わるような不愉快なことに見舞われた。悩んだあげく、男は「武の心得」がないといけないと考え、一九六五年自宅に小さな稽古場を設け、医業のかたわら、空手の特訓に励んだ。

それは私が幼児期のことで、診療の合間に行っていたはげしい稽古ぶりは記憶に残っている。医業と武道の両立というたいへんハードな毎日をこなしていたのは、高度経済成長期という時代性もあるのだろう。

新しい武道である空手に対する父の強い情熱と、上述したように当時「空手のメッカ」といわれた地元からの要望で、一九六七年春、父はＪＫＡの直方支部道場を自宅と隣接する病院の間に併設した。道場名は、父と私に共通する名である「精」をとって「精道館《しょうどうかん》」と命名した。産婦人科病院に空手道場という一風変わった組み合わせにはだれもがあっと驚いたり、家族も首を傾げたりしたが、もちろん入り口はまったく離れているのでなんら支障はなかった。

六歳になった私は戸惑いながらも、父から空手の道に引き込まれ、後継者としてのルートに乗せられながらも自宅横の道場で稽古に励むことになる。その後、父はしばらくの間、福岡県空手道連盟とＪＫＡ福岡本部の会長の職を引き受け、その後一九九四年にＪＫＡから七段（第一三一号）と片岡精励賞を授与されたことで、医療のかたわら空手道に熱をあげた半生をほぼ終了した。

「親子で黒帯」　精道館を設立した父と初段を取得した筆者。「親子で黒帯」と『西日本新聞』に紹介された。1970年

榎枝、空手と出会う

榎枝慶之輔、その生い立ち

榎枝慶之輔は一九三五年七月四日、父榎枝福男と母し乃の次男として福岡県直方市で出生した。榎枝家の長男が三歳と若くして病死していたため、長男の名であった啓之輔の読みをもらい受け、慶之輔と命名された。

父方は直方藩の宮大工の家系で、母方は山中という武家である。戦前、父福男は直方市溝堀の自宅で輸入薬品の小売業を営んでいた。しかし、戦時中に輸入元の同盟国ドイツからの納入が途絶えたため、国の行政指導によって廃業させられ、仕方なく農業に転業したと、榎枝の実妹道恵は語る。

彼には五歳下の道恵に加えて一二歳下の猪年の弟・太もいたが、太は二四歳のときに心臓病で亡くなっている。私は、慶之輔という古風な名前に武士の品格を感じて好きであるし、名は体を表すと考えている。

彼が育った溝堀という地区は、彦山川と嘉麻川《かまがわ》に挟まれた細長い半デルタ地帯で、私も小学校四~五年生のころに自転車でよく遊びに行ったので、思い出深い。東連寺藩が置かれていた時代は、溝堀は職工人が住む町だったという。

幼少期の榎枝とその家族　右端が幼児のころの慶之輔。その左隣が母。いちばん左が榎枝の父。直方市の自宅にて。

明治の放浪俳人である種田《たねだ》三頭火《さんとうか》は一九三二年、五〇歳のころ、雲水《うんすい》姿で西日本を中心に旅をして、小倉から田川へ向かう途中に同地で宿泊、句を残している。二〇二一年、それを記念して句碑が市内の新町公園につくられた。

榎枝の父、福男は同地区に古くから伝わる伝統である文芸「送り傘」を趣味としていて、地元の直方文化連合に所属していた。「送り傘」とは俳句の変型のひとつで、五・七・五の最後の五を次の人がつないで詠んでいくという作風ということだ。三頭火の影響かもしれない。

慶之輔の幼少期

妹の道恵さんや同級生の話では、榎枝は特段目立つこともないふつうの子供だったという。ただ、将来の空手家を思わせるエピソードをひとつ耳にした。

数年前、私は榎枝と幼少期に近所で一緒に遊んだという阿部孝司医師に、亡父の入院先の病院で偶然会った。阿部医師は私の父の知人でもあったし、私自身も実家道場で大学空手道部の夏合宿をしていた際に、ハードコンタクトを入れたままの目に相手の突きが軽くあたり、夜半にもかかわらず急遽駆けつけて割れたコンタクトをていねいに除去してもらったことがあった。これもまた不思議な縁なのかもしれない。

阿部先生に当時の榎枝の印象を尋ねたら、ひと言「わんぱく」と笑みを見せてうなずきながら懐かしいようすだった。この話を妹の道恵に伝えたら、「小学生のころ、兄が年上の阿部君を羽交締《はがいじ》めにしているところを母が見つけ、あわてて（相手は近所のお医者さんの息子さんだから）引き離したことがあった」と笑いながら語ってくれた。日頃はシャイなはにかみやであるが、気分が高まるとわんぱくだったといったところであろうか。

ただ、武道やスポーツが好きな少年であったことは間違いなく、八歳から柔道と剣道の稽古をはじめている。私の叔母（江本美智子）も直方市立南小学校から第二中学、そして県立鞍手《くらて》高校まで榎枝と一二年間同級生であったと聞き、数年前に当時の彼の印象を尋ねたら、軽い笑みを浮かべながら、「やんちゃだったね」という返事だった。ただ、具体的なエピソードは覚えてなく、叔母は小柄でおとなしいほうなので、そう見えたのかもしれない。私自身も南小学校の出身である。

一七歳で柔道二段

妹の道恵さんの話によると、榎枝は八歳のころから直方警察署の二階にあった武道場で柔道と剣道の稽古に熱心に通っていた。一七歳で柔道二段を取得し、柔道の全国大会にも出場したという。榎枝に限らず、当時の著名な空手家には柔道や剣道の経験者、有段者が多く、それは戦後に復活した武道への期待と大ヒットした柔道映画「姿三四郎」などの影響もあるであろう。

映像に残っている榎枝の若かりしころの組手を見ていると、豪快な突きで攻めていったあとに相手と絡み合った際、柔道の投げ技のような倒し方をしているのがよくわかる。相手と至近距離になった際には近すぎて空手の技が出しづらく、思わず道着《どうぎ》の襟首《えりくび》や袖《そで》を持ってしまうのだろう。

また、渡航後のイギリス・ロンドンの道場での榎枝の貴重なエピソードがある。昇級審査の際に、ある弟子が組手の稽

鞍手高校の校訓　榎枝の母校鞍手高校は、創立以来、「質実剛健」を校訓としている。

古で肩を大きく脱臼《だっきゅう》し、苦しく叫んだ。ほかの弟子たちは、だれかが救急車を呼ぶのかと思ったら師範の榎枝が真っ先にその場に駆けつけ、脱臼した肩をみごとに一瞬で整復したという。これは彼が柔道有段者だからなせる技だった。

空手との運命的出会い

榎枝と空手との出会いは、柔道に熱中していた福岡県立鞍手高校三年生のときだ。当時はまだまだ武道人口が多かった時代だ。妹や友人の話によると、その後に大学空手道部の先輩となる同郷の入江《いりえ》敏夫《としお》と岡崎照幸が帰郷した際に、当時めずらしかった空手の演武をどこかで披露した。榎枝は岡崎の実弟と仲が良かったので、その縁からであろうか。空手をはじめて見た榎枝は、いたく感動したことを帰宅後に家族に語っている。

その後、岡崎から拓大進学への勧誘の手紙が何通も実家に届き、空手に感化された榎枝は空手強豪校として知られ両先輩の母校である拓大を受験することを決心する。そして海外にも興味があった彼は、「海外雄飛」がスローガンの拓殖大学で本格的に空手をはじめることを決意し、拓大商学部貿易科に入学した。

岡崎は空手道部の主将を務めたのち、ＪＫＡ本部指導員（いわゆるプロの空手家）になり、その後渡米して北米・中米総師範になった。彼の経歴がその後の榎枝の空手人生に大きな影響

拓大２年の榎枝　堂々とした袴姿に、武道家としての風格が出はじめている。1955年

を与えたことは間違いない。写真や動画で見る限り、岡崎は外国人のなかでも見劣りのしない堂々とした体格であり、武道家としての華がある。その後、岡崎と榎枝は国際的空手家として生涯にわたって密接な交友関係をつづけることになる。

　のちに榎枝は空手とはじめて出会ったときの印象を、「柔道と剣道を一生懸命やっていたが、空手の演武をはじめて見たとき、これこそ自分が探して求めていた武道だと迷いもなく感じた」と語っている。

大学空手の名門

　そもそも拓殖大学は一九〇〇年、海外における諸事業に当たる人材を養成するためにつくられた大学である。他流派より先んじて、松濤館《しょうとうかん》流の組織団体（ＪＫＡ）を立ち上げて首席師範となった同大学空手道部ＯＢの中山正敏が、本部道場の上級指導員を次から次へと海外に送り出したのは、拓大の建学精神に起因している。彼らは、大志を抱いて海外へ羽ばたくことを「雄

拓大空手道部の徹夜行脚　拓殖大学空手道部の伝統行事である徹夜行脚。やや奥左の腕まくりしている学生の後ろが榎枝。その左下は盟友・浅井哲彦で、中央にはOBの中山・西山・岡崎・森らの顔が見える。1954年

飛」と言い「国際主義」「現地主義」という理念を有していた。

拓大は当時の「バンカラ」（ハイカラの対義語）気風の代表のような存在であった。そのなかでも空手道部は、力強い基本稽古を徹底的にやり遂げるという猛練習の伝統をつくりあげ、「空手の拓大か、拓大の空手か」と言われるまでになった。

元ＪＫＦの副会長であった森高信次は、一九四二年に拓大空手道部に入部した。当初、部員は一二〇名だったのが、卒業時は五名になっていたとのちに語っている。戦時中のつねに空腹のなか、本当にきびしい鍛錬だったが、先輩たちと一緒になって

純真に稽古に励んだことを懐かしむ。「押忍」の起源は拓大空手道部・応援団にある、という説はよく耳にする。

この戦時中の猛稽古が「松濤館空手」の基盤となった。本部道場で多くの拓大関係者と稽古に励んだC・W・ニコルは、同大学のことを「日本一タフで武道好きな大学」と、ややシニカルに評している。

なお、一九八一年、拓大空手道部は日本武道協議会から「武道優良団体」の第一回の表彰として、空手道部門で唯一表彰されている。

朝昼夜の空手漬け

昭和三〇～四〇年代、日本が高度経済成長まっしぐらのころ、その勢いは日本社会全体に及んだ。当然、体育系の部活動も活発で、とくに武道は精神修養・人間修行という要素が求められてしまう世界である。先輩後輩の上下関係もきびしく、退部者も続出した。

さらに、柔道や空手は実質的には格闘技である。なかでも空手道部は既存の武道への新しき挑戦者という位置づけであり、社会への認知度を高めたいがため、東京や京都の大学では日夜壮絶な稽古が行われていた。突きや蹴りが基本技だけに、相手の身体への危険度も高い。

その後ＪＫＡの九州本部を立ち上げた宮田実師範も、拓大空手道部の創成期を経験したひと

巻藁を突く榎枝　拓大空手道部時代。その鍛錬はきびしく、連日1000本の巻藁突きを課したという。

りだ。彼は究極の技を求めすぎるあまり、日夜過酷な稽古に身を投じ、最後は神経衰弱になって下宿に引きこもってしまったという。

当時の空手道部の活動メモをみると、朝昼夜と一日三回の全体稽古が行われ、昼の稽古で授業をサボった場合、夜稽古ののちに二部の授業を受けると単位取得が許されていたという。下級生は朝六時からの朝稽古の前に道場の床ふきがあるため、五時半集合という過酷さだ。バイトに明け暮れるよりすこぶる健全ではあるが、食糧難の時代、退部者が多く出るのは必然であろう。

一九八〇年代になっても、ある大学の空手道部の言い伝えでは、組手の練習で大多数の部員は前歯が折れて差し歯になり、肋骨が二、三本折れてはじめて黒帯が取れる域に達するという。拓大空手道部で数々の賞を取り、ＪＫＡの研修生から本部指導員になった中達也七段（ＪＫＡ）も、過去の思い出を、「大学に入学して即、空手道部に入部、入寮。一年生は朝五時半起床し、

拓大空手道部主将時代　拓大空手道部主将時代の榎枝（後列右から3人目）。後列背広姿は入江監督。第1回全日本大会にて。国際スタジアム、1957年

廊下とトイレ掃除、六時から朝稽古。ランニング、短距離と中距離のダッシュ、巻藁《まきわら》突きが主なメニュー。それから朝ご飯の仕度をして、朝食後に登校。午後は五時からみっちり三時間、部長の指導下で稽古でした」と、語っている。部活というより、修行である。

榎枝も入寮して日曜日以外の毎日、朝昼夜と三回に分けて一日六時間ぐらい稽古した、と語っており、その猛烈な稽古のため、入部時に一〇〇人以上いた一年生部員は卒業時には、たったの四人だったという。当時は、まだまだ戦中戦後の厳しい食糧難が続いていた時代、食糧の確保が大変だったという。

彼の二級上の部員にはアントニオ猪木の長兄の相良寿一《さがらじゆいち》や、その後代議士になり労働大臣を務めた村上正邦《むらかみまさくに》がいた。

連日の猛稽古

絶えない生傷

骨折は日常茶飯事という稽古内容は、医者という立場からすれば忠告すべき古き慣習である。骨が折れたら稽古を休まないといけないわけで、上達の道はかえって遠回りになってしまうではないか。それに若いころの傷でも、年を取ってから後遺症が出ることもままある。私も大学生のころ、実家道場での組手練習の際にハードコンタクトレンズを外し忘れていた左目に軽い突きを食らい、割れたレンズが目の裏に入り込んだ。眼科に行って割れたレンズを除去してもらい事なきを得たが、近視も強かったせいもあり二〇年後に同眼球の網膜剥離を起こしてしまった。小さな傷の瘢痕《はんこん》があったのかもしれない。

また、後輩の一人は試合で顔面に蹴りをくらって顎を骨折してしまい、しばらく食事が喉を通らなかった。また、ある後輩は、我々が知らないところで勝手に行っていた自己鍛錬において、何枚も積み上げた瓦を頭で割っていたら両目を網膜剥離してしまった。こういうのを無茶という。

ただ、どのスポーツでも過酷な練習なくして、その道を極めることはできない。大学空手の世界でいえば、かつて二、三の空手の伝統校で行われていた自由組手の一〇人掛かり稽古などであろう。最後はもうろうとしたあとに無意識の状態になり、それでも正確で力強い技を出そうとしておのずと身体が動き、ある境地に達するという。

榎枝も若き修行時代、きっとこの境地に達したはずだ。しかし、いまの世の中では、組手の練習の際にも手足のサポーターと口にはマウスピース、そして胸部のプロテクターの装着が必須であろう。着脱に面倒はともなうが、お互いの安全と空手の広い普及のため、仕方がない。年々進む少産・少子化の時代、一人ひとりの安全と健康が最優先となる。

空手必修の全寮制スパルタ高校――著者、青春の苦悩

一九七五年四月、私は医師で空手家である父の強い要望によって、当時、福井県敦賀市にできた全寮制で一学年六〇名という少数精鋭のスパルタ式の私立男子高校に二期生として入学させられた。学校名は昭英高等学校で、武者小路実篤が命名したと聞いた。その名の如く「昭和の英才をつくる」という意味だ。

「空手道と柔道を必修とした進学校を目指す」というスローガンの学校で、頭は全員強制の丸刈りで専用の武道場があった。週に一回、高校生全員が武道場で空手と柔道の稽古をするというユニークさだ。当時、空手が体育の正課という高校はほかに存在したのだろうか。

さらに同校の課外活動（部活動）の中心は空手道部で、監督であり寮監長、そして空手有段者の体育教師加藤文雄（現在ＪＫＡ六段、元福井県本部長）先生が、入学したばかりの私を待ち構えていた。空手道場の息子である私は、すでに初段（少年部）を取っていたからだ。

入寮日の夜、いきなり部屋に来られて「道着持ってきたな。明日から道場に来い」という一言で、私の入部は決まった。父が決めた既定路線とはいえ、これからの空手漬けの高校生活を考えると、ため息が出た。翌日から毎朝六時からのランニング、午後は授業が終わりしだい集まり、日祭日以外毎日二、三時間の空手の稽古に明け暮れた。

寮では部の先輩からきびしい躾《しつけ》や理不尽な命令を受け、悔し涙を流しながら先輩の道着を洗ったこともある。

古き昭和の時代であるが、まだ高校生。間食のない寮生活では夜にお腹がすごく減るので、ほぼ毎日、当時から流行したカップ麺を胃に流し込んだ。同室の先輩から自分のもつくれと命令され、失敗してもいないのにつくり方が悪いと先輩からひどく怒られた際は、この寮にいることに納得がいかなかった。

だが、空手道場の息子であるがゆえ、現実逃避だけはしたくないという思いで日々耐えた。そして二年生の秋に部員投票によって空手道部主将になり、翌春、晴れて先輩のいない最上級生になったとき、心の中のつかえがスーッと取れていった。

しかし、三年時には部員が四五名という大所帯、主将という重責に日々悩みながらの稽古であった。夏には、我々にとって唯一の公式試合である「高校総体」（インターハイ）が控えていた。つまり、当時福井県の高校には我々の高校以外に空手道部はなかったので、予選を経験しないまま高校総体に出場できたのだ。

主将として迎えた高三の夏、全国高校空手道連盟（当時の加盟校：五九〇校）が主催した岡山での高校総体では、幸運にも団体組手競技でベスト8になった。幼少時から空手の稽古に励んできたという意地が良い形で萌え出し、出場した三戦すべて勝利して、当時駒澤大学監督でかつての全日本覇者である大石武士先生（現在JKA九段：首席師範補佐）から直々にスカウトを受けた。

高校時代の著者　昭英高校空手道部、主将時代。福井県敦賀市、1977年

個人戦は形で出場、全体で一一

位と振るわなかったので、大石先生から「なんで個人組手に出なかったの？」と言われた際は、頭の中が真っ白になった。団体戦での活躍は空手の神様がちょっぴり私に微笑みかけてくれた結果だった。結局、同大会で母校は創部四年目にして団体組手と一級下の中島浩芳《ひろよし》・正博《まさひろ》（双子）らが出場した団体形がそれぞれベスト8、個人戦では組手三位と予想以上の結果が残せたのも「高校空手」というものを集中的に研鑽《けんさん》した加藤監督の手腕であろう。

空手家が喧嘩に巻き込まれたら…

日本のスポーツ雑誌である『Number』はつねに質の高い体育系情報を提供してくれているが、これは一九八〇年代に米国の代表的スポーツ専門誌である『スポーツ・イラストレイティッド』誌をお手本として創刊された。当時の『スポーツ・イラストレイティッド』誌には、次のようなユニークな記事が掲載されていた。それは、「路上での喧嘩で負けないためは、どの格闘技やスポーツを身につければ良いのか？」というテーマであった。

このテーマは、幼少期から空手の稽古に励んできた私自身、長年思案していたものだった。もちろん、「空手に先手なしの上で喧嘩に巻き込まれた場合、空手は本当に役に立つのだろうか？」という俗な疑問であるが、護身術としての空手の現実的な課題でもあるからだ。

なぜ、このあまり品の良くないテーマなのかというと、当時、ニューヨークなど米国の大都

拓大空手道部の主将時代　上半身裸で逆突きをする榎枝。最前列左から3人目。

拓大正門前で　拓大空手道部主将時代の榎枝（最前列右）と、その左は浅井哲彦副主将。

拓大空手道部の送別会
拓大商学部卒業のとき。前列中央が榎枝。五光湯にて、1958年

会ではスラム化によって治安がとても悪くて、ストリート・ファイティングが日常茶飯事だった。毎日のように路上喧嘩での外傷者や死人が出るので、社会問題になっていたからだ。

同誌では、このテーマに対する米国の数十名のスポーツ記者投票による集計データが記述されていた。結局、「路上喧嘩に強いベスト3」には、驚くことに二つも日本の武道が入っていた。四〇年以上も前の記事なのでベスト3の順位までは覚えていないが、ボクシング・空手・柔道の三種であったことは間違いない。

ボクシングはおそらくパンチのスピードとフットワークならほかの格闘技をしのぐであろうし、空手が選ばれたのは、威力ある突きに加えて多種の蹴り技があるからだろう。それではなぜ柔道が選ばれたのか、その理由は読んで納得した。

それは、当時の路上喧嘩では殴られたりして転倒した際にコンクリートの硬い路面に後頭部をはげしく打ちつけて命を落とす「頭部外傷」がもっとも多かったのだ。だから、倒れても受け身ができる柔道が有用というわけだ。

さて、格闘技が多種多様化した現在では、何がベスト3に選ばれるのであろうか。

COLUMN

伝説の空手家・宮田 実

宮田 実、一九一六年熊本県人吉市生まれ。拓殖大学時代、船越義珍より直接空手の指導を受け、日夜想像を絶するほど、すさまじい稽古をしていた伝説の空手家。一日一〇〇〇本の巻藁突きをノルマとしていたのは有名で、後年、その稽古のはげしさに、「宮田の前に宮田なし。宮田の後に宮田なし」と語りつがれた。

蹴り技のなかでもスケール大きい技といわれる「回し蹴り」の発案者といわれ、現在、回し蹴りは蹴りの主流となっている。一九三八年、宮田実氏は拓大卒業後に中国に渡り、当時の朝鮮ではじめて空手を披露した男といわれる。

彼はＪＫＡ九州連合会の発足当時から、後輩の指導につねにひたむきな情熱と、温かなまなざしを注がれた。いついかなるときも自然体で、私心のない人

宮田実(1916 ～ 76) 「回し蹴り」の発案者といわれる。

COLUMN

柄は、まさに彼の空手道人生をつづった本にあるように「拳禅一如《けんぜんいちにょ》（拳と禅はもともと同じもの）」。空手道をきわめた風格を、出会いのあった人びとに感じさせる指導者であった。

榎枝慶之輔はこの先人の言葉を応用し、「空手は動く禅」と称して海外で普及させたひとりである。

宮田は、その後全国大会を幾度も制することになる大坂可治《おおさかよしはる》（ＪＫＡ副首席師範、八段）を福岡の高校時代に発掘し、その後プロの空手家としての道に導いた人でもある。私も少年初段を取得したのが福岡市の九州本部道場で、宮田先生が審査委員長であった。小学生の私が挨拶《あいさつ》に行った際も、笑みを絶やさぬ穏やかな人であった。

第三章

プロの空手家へ

榎枝、虎になる

虎の穴

昭和三三年春、榎枝《えのえだ》慶之輔は拓大を卒業後に一旦九州に戻って佐賀で社会人生活を送っていた。その年は、長嶋茂雄が巨人軍のユニフォームを着て颯爽《さっそう》とプロデビューした年だ。

しかし、彼は空手への熱い気持ちを捨て去ることができず、再度上京、ＪＫＡ首席師範である中山正敏《なかやままさとし》らの勧めにより、本部研修生になる道を選んだ。同研修制度は中山の肝入りで設立されたもので、日本初の空手専用指導者を養成する中枢部である。つまり、同研修制度を修了すれば、ＪＫＡ公認のプロ空手家としての道を選ぶことを意味する。

当時は、高度経済成長下のサラリーマン全盛の時代である。まして大学出でありながら、新設の空手研修制度に入ることは人生の賭けともいえ、一生涯武道家でありつづけるという試練が予測されたはずだ。さらに、まだ空手は新規の武道種目という位置づけで、道場数も少なく

岸壁でポーズをとる　『空手道新教程』の挿絵写真の撮影で、岸壁に立って構える。向かって左が榎枝。伊豆白浜海岸にて、1964年ごろ

将来像は描きにくい。教職免許を取って体育の教師か、大きな会社に勤めるほうが格段に安心だ。悩みに悩んだ末の決断だったであろう。

榎枝はJKA本部の研修所では首席師範の中山に師事、組手の名人といわれた加瀬泰治《かせたいじ》の指導の下、ひたすら研鑽を積んだ。加瀬は幼少期から柔道五段の父親からマンツーマンで鍛えられた柔道有段者でもあったので、非常に手強《てごわ》い空手家であった。

当時から本部研修所の猛烈な稽古ぶりは、空手関係者間ではよく知れ渡っていた。たとえば、組手の足払いという技で倒されたあとに柔道のような技で締め落とされたりするのは常時だったという。まさにプロの空手家を養成する「虎の穴」だ。

初の空手映画撮影と教本の出版

空手を正当に習得したことがないプロレスラーの力道山《りきどうざん》が「空手チョップ」という必殺技で世間の注目を集めていることに、当時の空手関係者は困惑した。それ以外にも当時の巷《ちまた》には多くの「ニセ空手」が蔓延《まんえん》しつつあり、空手は乱暴で悪いというイメージが固着しそうにあった。そこでＪＫＡ首脳の中山と高木は、正しい空手を国民に理解してもらうため、二つのプロパガンダを考えついた。ひとつは初のテキスト動画となる空手映画の作成と空手界初の本格的な教本の出版である。映画はその名もズバリの「空手道」（一九五六）で、多くの外国語に翻訳され、海外でも大好評を得た。一方、教本は、空手のバイブルと言われる『空手道新教程』（一九六五）で、これによって論理と技術を兼備した新たな武道空手の体系が確立された。

その教本の表装を飾っているのは、一九六三年の第七回全国空手道選手権大会（東京体育館）での個人組手決勝戦のワンシーンである。強い前蹴りを出しているは前年の覇者である白井寛《しらいひろし》で、それを下段払いという受け技でみごとに払いのけているのが、この年の勝者榎枝である。ともに武道の盛んな九州出身者同士のはげしい戦いでもあり、強いスピリットを感じるワンショットである。現在静岡県空手道連盟理事長の川崎功はこの試合を目の前で観戦した際の体が震えるような感動を、「旭日双光章」を受賞した際の寄稿文に綴っている。

奇しくもその年の暮れ、空手チョップで国民的ヒーローとなったプロレスラーの力道山は、赤坂のナイトクラブでの喧嘩が元で、腹膜炎を起こして命を落とした。

空手映画への出演、名優たちに空手指導

ＪＫＡ本部道場が四谷のムービーセンターという映像制作会社の敷地内にできたことから、榎枝ら本部指導員は、多くの空手プロモーション映画や大手映画会社の空手映画に出演した。

『飛燕空手打ち』拓大空手道部総動員で撮影された映画で俳優たちと記念撮影。榎枝・浅井・津山らの顔が見える。拓大五丈原、1955年５月20日

このプロモーション映画は、日英の言語で作成された世界初の本格的な空手指導動画で、海外でもかなりの人気を博した。

公開映画では東映の『飛燕空手打ち』『電光空手打ち』『流星空手打ち』の三部作は、一九五六年一月に全国一斉に封切られて大反響を呼び、空手に対する認識が一挙に高まった。本映画は後にインドネシア等東南アジア諸国にて空前のロングランとなり「カラテ」の名が知れ渡った。

当時は新種の格闘技として、「一撃必殺」の空手は非常に注目されていた時代である。榎枝は親類が

映画会社大映に勤めていた縁で、学生のころから「花の講道館」（一九五三）や「姿三四郎」（一九五五）などにも俳優の代役やエキストラで出演していて、良いアルバイトになったようだ。しかし、当時の柔道映画では空手家は決まって悪役であり、悪役俳優の吹き替えで出演することが多かった。榎枝も、「姿三四郎」ではに上野の不忍池《しのばずのいけ》に投げ込まれるという不名誉な役だったようで、のちに「あれは俺じゃない」とムキになっていたという。

一方、映画での格闘シーンでは、通常、柔道よりも空手が主役である。一対一の格闘シーンはアクション映画のハイライトで、榎枝は男優の丹波《たんば》哲郎《てつろう》や田宮《たみや》二郎《じろう》に直接空手を指導した。その後、私達がテレビで見ていた彼ら俳優たちが立ち振る舞った格闘シーンは、榎枝流空手だったのである。

作家・三島由紀夫の挑戦

一九六四年にオリンピック競技となった柔道は、スポーツ化にもっとも成功した武道といえる。スポーツ柔道を創始したのは嘉納《かのう》治五郎《じごろう》で、一八八二年に東京下谷《したや》の永昌寺《えいしょうじ》に一二畳の道場を開いたのが始まりという。かたや剣道は、西洋の剣術であるフェンシングと競合するため五輪競技化はむずかしく、当時「柔道の次は空手だ」というムードが漂い出した。マスコミも急ピッチで国際化してきた空手に注目する。

　そういった世相のなか、ＪＫＡトップの中山正敏は作家の三島由紀夫《みしまゆきお》や参議院議員の山口淑子《やまぐちよしこ》など、打診があれば有名人を積極的に本部道場に招いて指導した。空手の認知度を向上させるためでもあり、空手は柔道と違って、相手がいなくてもひと通りの技と形の稽古はできるという大きな長所がある。実際に、立ち姿勢も良くなり、腹筋も鍛えられるので美容にも良い。

　三島由紀夫はすでに剣道とボクシングを習っていた格闘技好きで、その後空手に興味を向けた希有な作家である。三島は第一〇回全国空手道選手権大会（一九六七年）を見学後にＪＫＡに入門、中山首席師範からマンツーマンの稽古を週一回約三年間受けつづけ、晴れて初段を取得した。

三島由紀夫　JKA 本部道場で稽古に励む作家・三島由紀夫。後方に中山首席師範が見守る。

　三島ははじめて体験した空手道に対して、「直勘的な狭い入口ののちには、周到な分析と卓越した理論があった」と彼独特の感性で述べている。

　一九六八年、父が創立したばかりの直方支部道場にＪＫＡトップの中山氏をお招きしたことを、私は、いまでもしっかりと覚えている。私は小学二年生でまだ白帯だったが、基本組手の個別指導を受け、『西日本新聞』の地方版に掲載された。中山氏は一六〇センチを少し超えるぐらいの小柄な体躯《たいく》ながらも鋭い眼光で、小さな私はタジタジとなってしまったことを思い出す。

中山はその風貌が示すとおり、何事にも真摯《しんし》に対応する偉大な空手家であった。大学の後輩でもある榎枝を、その戦いぶりから「虎（タイガー）」と命名したのは中山である。

晴れて「黒帯」となった三島は、「空手が世界的なものになるには、組織的体系と分析的方法論の確立を要するであろう。中山先生こそ、空手道のその使命を負うた天才である」と語った。さらに、「私は文士として野垂《のた》れ死《じ》にはしたくない。少なくとも日本人として、行動を通して〝空〟とか〝無〟というものを把握していきたい」と述べている。そして、本部道場の幹部に、「お国のためなら、私はいつでも喜んで死ぬことができます」と真剣な表情で語り、初段を取得したのち、本当にそうなってしまった。

C・W・ニコルと空手

一九六二年に空手を学びに単身来日したイギリス・ウェールズ出身のC・W・ニコルは、東京のいくつかの道場を見学したあと、四谷のJKA本部道場の門を叩いた。まだ二二歳の若さだった。ほかの道場より自由な空気を感じたからだという。彼はもともと喧嘩好きで、かっと

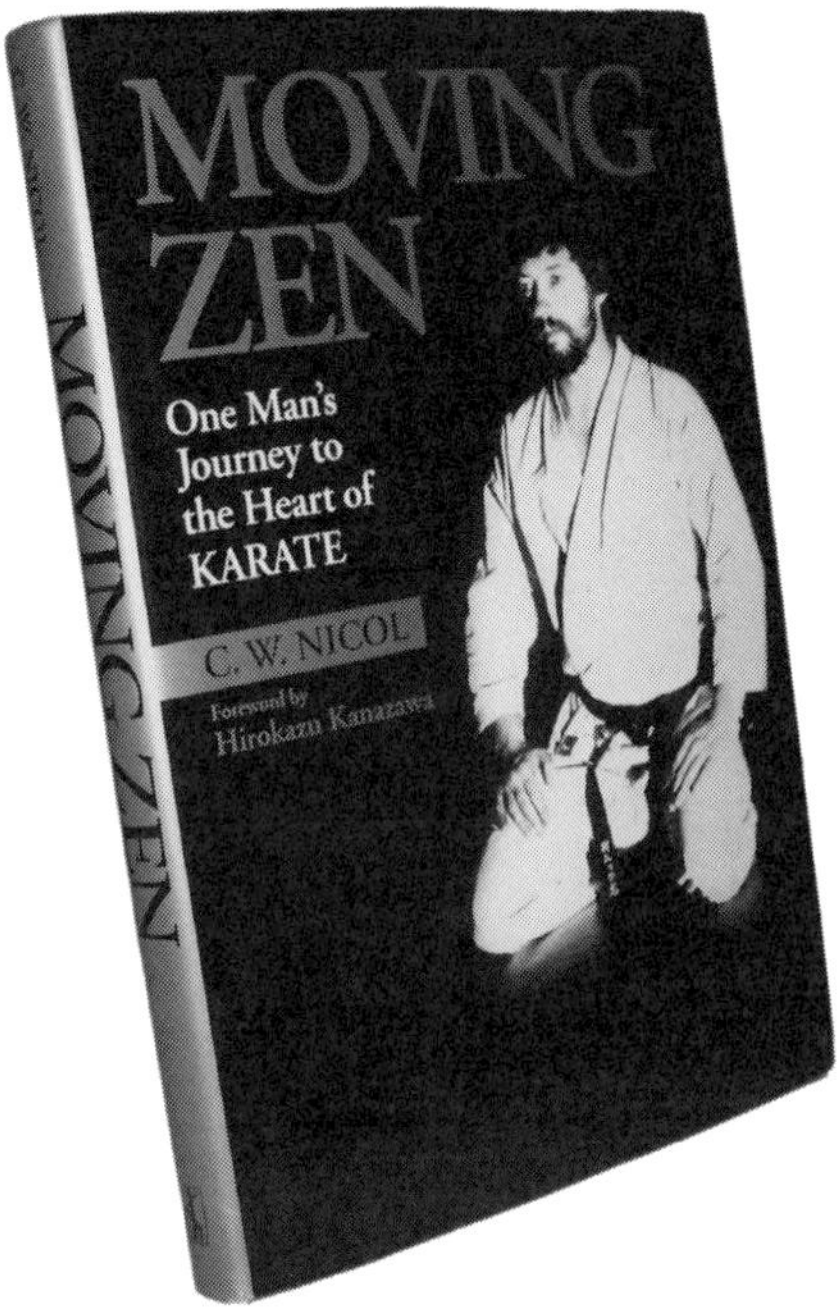

C・W・ニコル　空手に没頭していたころのC・W・ニコル（上）と、左は彼の著書『MOVING ZEN』。

なるケルト人気質だったが、空手に日々精進した。そしてイギリス人としては二人目の有段者になり、最終的には三段を獲得した。

彼は、「空手とは動く禅である。動かぬ水のように静かな心境に達することを目指すのだ」と高木師範から教えられたと語る。ニコルにマンツーマンで空手を教えたのは金澤指導員で、ニコルは彼の神がかった技を崇拝していた。

榎枝も彼の書いた本の中に次のように出てくる。「外国人担当で背が高く力の強いエノエダセンセイは、上手くはない英語で外国人の立ち居振る舞いをよく指導していた」と、イギリス人的なお世辞のないユーモアだ。

ニコルが好きだった形は金澤から直接指導された「観空大《かんくうだい》」で、その形は私（筆者）も理屈抜きで好きになったので試合に使い、一九八二年の東海学生選手権大会で優秀選手賞をいただいた。本形は六五回の動作から成る長い形である。

大分県の名湯・湯布院《ゆふいん》に世界的に有名な旅館「玉の湯」がある。その庭園にはニコルが設計したニコルズバーがひっそりとたたずむ。昼はティールームになっていて、長年、私の湯布院行きの楽しみのひとつとなっている。以前は手作りのバニラアイスクリームがおいしかったが、最近はアップルパイが人気だ。夜はニコルさんの匂いがする隠れバーになる。

人気テレビ番組「それは私です」に出演

日本が元気いっぱいだった一九六〇年代、めずらしい体験や経歴・技能・職業をもった一般人が登場する人気番組があった。まだ白黒放送の時代である。その番組はＮＨＫテレビの「それは私です」で、日本人の大半がお茶の間で見ていたのではないだろうか。

そのコンセプトは「それは私です」と名乗る三人の出場者に、解答者がさまざまな質問をぶつけ、「本もの」の「私」を探し当てるクイズ形式の番組だ。簡単には解答できないように「本もの」を装う出場者たちの演技が見ものだった。その回は「空手家」がテーマだった。

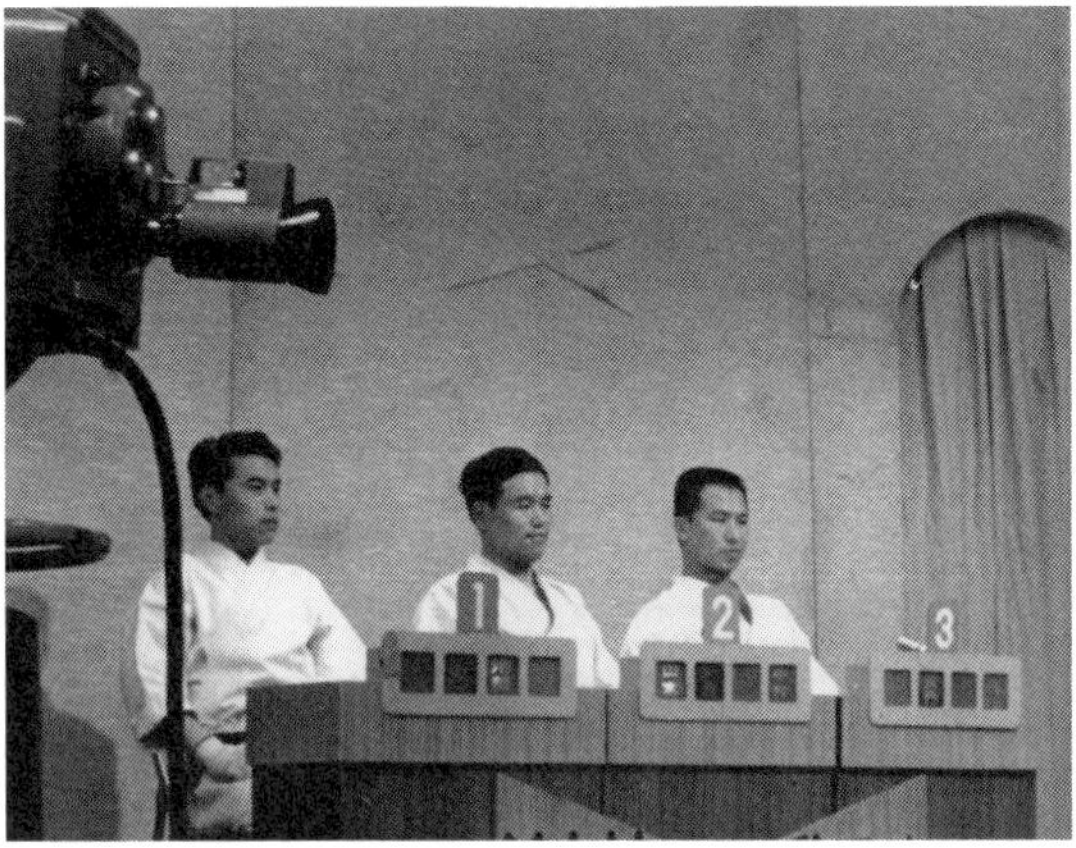

テレビに出演した榎枝　NHKの人気番組「それは私です」に出場した榎枝（右端）。1964年ごろ

テレビ関係者からＪＫＡを通じて依頼されて出演した榎枝は、いかにも武道家らしく頭髪はスッキリとした角刈りで登場した。長年にわたる猛烈な巻藁《まきわら》突《づ》きによって、彼の拳の指関節にはかなり大きなタコができていたので、空手家であることを見破られないために全員が白い手袋をはめるというＮＨＫらしい芸の細かさだった。

結局、他の二人がややがっちり型の体格だったせいか、榎枝を空手家と見破るゲストはだれひとりいなかったことに本人も首をかしげていたという。

空手に対する視聴者の反響が予想以上に大きかったのか、同番組スタッフからふたたびＪＫＡ本部に空手家の出演依頼がきた。

ただし、今回のテーマは「海外から日本の空手を学びにきている外国人」だったので、本部道場で金澤や榎枝らに鍛えられていたＣ・Ｗ・ニコルが出演して、場を盛り上げた。

空手道の本質

もともと、空手は護身術として考案された武道であるので、敵（相手）が短刀（ナイフ）やドスを持っている状態を想定して、技がつくり出されている。現在は、たとえば腹巻に短刀（ドス）を刺して歩いて街を闊歩していたら警察に通報されるが、半世紀ほど前までは、それらの凶器を振り回さなければ、必ずしも警察に通報されることはなかった。

護身用に身につけているといえば、理由としてまかり通ることもあったおおらかな時代である。昔は、武士は二本差しだったじゃないかということだ。もちろん、ドスを刺して歩いているのは、いわゆるチンピラか、かなりの不良学生あたりに限定されていたわけだが、世の中がいまほど神経過敏ではなかったのである。電話もさほど普及してない時代であり、まして携帯電話などあるはずもなく、通報されるリスクは低かった。

つまり、そのような時代背景のなか、相手が凶器を持っていると仮定した空手の「間合い」というのは、本来近い距離ではなく、大体二〜三メートル程度であろう。そして、蹴りの原則は相手が手に持つ凶器に対して、遠い間合いからドンとまっすぐに踏み込んで蹴飛ばすことなのである。

「突き」と「体さばき」

巻藁突きでつくり上げた「世界一の突き」

ひとりでできるもっとも効果的な「突き」の稽古は、巻藁突きだ。巻藁とは幅二〇センチくらいの硬くて丈夫で弾力性のある長い板を地面に埋め、その上端に藁をぐるぐる巻きにしたところをひたすら突くという、伝統的な空手の稽古法だ。野球にたとえると、ティーバッティングかもしれない。厚い巻藁にこすれて拳の皮がめくれて血が滲《にじ》んでも、突いて、突いて、突きまくると、神経が麻痺して痛みを感じなくなる。最終的には拳に大きなタコができるので、瓦や厚い板の試し割りが可能となる。昔は空手をやっているというと、拳を見せてみろとよく言われたものだ。

「究極の巻藁突き」と言われた宮田実は、拓大時代に一日一〇〇〇本の巻藁突きをノルマとしていた。拳の肉が裂け、白い骨が見えたこともあったという。当時はまだ試合というものがな

巻藁突き　渾身の力で突く榎枝の巻藁突き。左の引き手が素晴らしい。本部研修生時代。

かったので、ひたすら己の技を磨いたということだ。だれもが彼の巻藁突きを見て、理にかなったその威力に身体が震えたという。

一九七〇年春、私は初段（少年部）の審査のあとに宮田先生から、「もう少し大きくなったら、巻藁突きだよ」とニコリとして言われた光景をいまでも覚えている。

大学時代の榎枝は、帰省の際にも稽古できるように自宅の裏庭に巻藁を設置して毎日突きの稽古に励んでいた、と妹の道恵は語る。榎枝ら拓大空手道部員が出演した映画『飛燕《ひえん》空手打ち』（一九五六）では、ひたすら巻藁打ちをする若き榎枝を観ることができる。彼はイギリスの自宅の裏庭にもつねに巻藁を設置し、巻藁突きを日課とした。一八歳で空手をはじめて以来、約五〇年間出張以外は毎日巻藁突きを行っていた、と礼子夫人は語る。それが彼の並はずれた力強い突きの源泉であり、全国大会を制覇したころの彼の突きは「世界一のパンチ」、とかつてのライバルたちは語っている。

体さばき――上級者への道

一九六八年、父は設立間もないＪＫＡ直方支部道場「精道館《しょうどうかん》」に中山首席師範を招聘《しょうへい》した。当時日本一の論理的空手家に直接教えを乞うためだ。稽古が終わって我が家での会食で語られていたのは、「空手は体《たい》さばきが大事」という話だった。その理由として、中山は、「先日、道を歩いていると、猛スピードの車が脇見運転でこちらに向かってきて、あやうく轢《ひ》き殺されそうになった。咄嗟《とっさ》に轢かれる寸前に体さばきでパッと身をかわしたため、軽い打撲で済んだ」と苦笑いで語った。

中山首席師範と筆者　日本空手協会の中山正敏首席師範を招いての「精道館」での稽古。中山氏の突きを受けているのは筆者（小3）で、それを見守る支部長の父、江本精一郎院長（右端）と館長の辻公平師範。1968年

相手の攻撃をギリギリでかわす瞬発的な体さばきは、空手の上級技能である。本職である医業専念のため二段程度で空手着を脱いだ私は、残念ながら究極の体さばきを身に付けることはできなかった。

なお、精道館では一九七二年にロータ

リークラブの交換留学生として一年間来日した高校二年生のオーストラリア人、グレンダ・ヘレン・ジェームスを指導した。彼女は、いきなり板張りの道場に正座をさせても、「すわることなんか平気。東洋的なスポーツや礼儀・作法は大好き。強くなって帰りたい」と地元新聞の取材に笑顔で語っていた（『西日本新聞』一九七二、四、一三）。彼女のかよった高校は、榎枝の母校、県立鞍手高校である。

COLUMN

恐れられた「突きの辻」

一九六七年、小学二年になった私がＪＫＡに入門して最初に空手を教えていただいたのは、辻公平先生である。父は自宅敷地内の倉庫を改築してＪＫＡの直方支部道場を設立、精道館《しょうどうかん》と命名した。その初代館長に招請したのが辻氏だ。

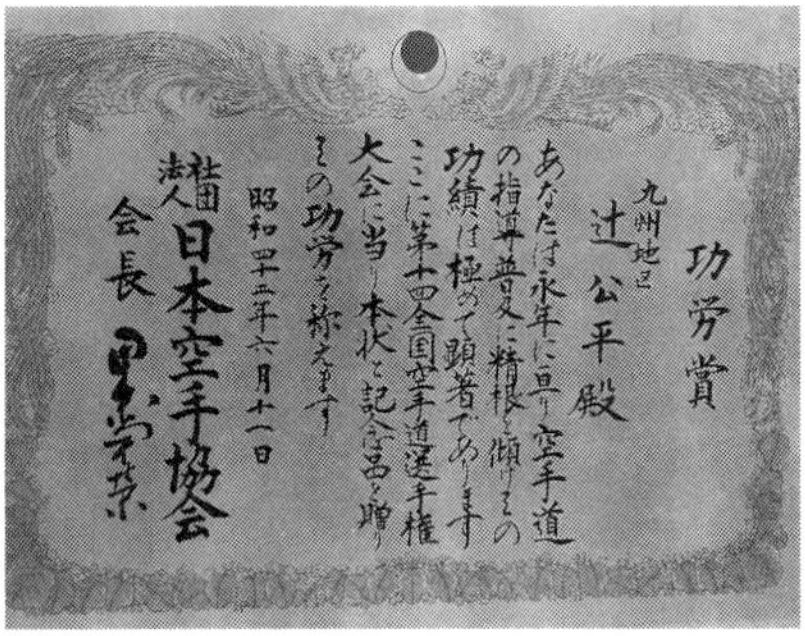
功労賞
九州地区
辻公平殿
あなたは永年に亘り空手道の指導普及に精根を傾けその功績は極めて顕著であります
ここに第十四回全国空手道選手権大会に当り本状と記念品を贈りその功労を称えます
昭和四十二年六月十一日
社団法人日本空手協会
会長　田中角栄

表彰された辻公平館長　1967年、精道館の初代館長辻公平氏に日本空手協会から功労賞が贈られた。賞状には、会長・田中角栄（元総理大臣）の直筆署名が記されている。

彼の本職は高校教師で、当時は北九州市の小倉南高校の校長をしておられた。定年後は西日本短期大学の教授になった。

辻氏は法政大学の空手道部時代のことを、「当時は戦時中でもあり、とにかく猛稽古の毎日でくたくたになっていた」と語っていたが、主将となると関東で「突きの辻」と恐れられた巨漢であった。

彼の中段逆突きは、腑《はらわた》をえぐるようだったと子供のころに聞いて、いつも優しい先

COLUMN

生が怖く見えたことを覚えている。

辻は大学を卒業後に帰郷し、長年、福岡県内で高校生や大学生（北九州市立大学や八幡大学ほか）に空手を教え、「直方は空手のメッカ」といわれるようになる礎を築いた。そして、精道館の初代館長になった年の第一〇回全国空手道選手権大会で審判員を務められた際、ＪＫＡから功労賞が授与された。その大会の会長は、自由民主党幹事長でのちの総理大臣、田中角栄である。現在もその賞状は実家の道場に大事に掲げられている。

最初に出会った空手の指導者が、基本に忠実な紳士的な先生であったことは、私にとって幸運であった。

空手のメッカで夏合宿――菅前総理大臣も所属した「空手の法政」

地元直方の精道館館長となった辻は法政大学空手道部（体育会系）の師範を務めていた関係で、昭和四三年から二年間、法大空手道部の夏合宿が父の道場で行われた。頭や腕に包帯を巻いている大学生が二、三人いたことに小学生の私は驚いたが、皆から「マコちゃん」と呼ばれ可愛がられた。

合宿打ち上げの際、父が記念として部員全員のサインを色紙に書いてもらったのだが、小学生の私も一緒に稽古したので、こっそりと色紙に署名した。それに気づいた学生さんたちから、「子どもなのに一人前だ」と笑われた。

最近、法政大学体育会空手道部（松濤館流・拳友館）のホームページを閲覧したら、役員名簿のなかに二人見覚えがあった。お二人ともお年を召し、相談役・師範と書かれている。

菅義偉と空手　法政大学剛柔流空手道部時代の菅義偉前総理大臣。

じつはこの合宿が行われた年、流派は異なるが、菅義偉《すがよしひで》前総理大臣も法政大学の剛柔流空手道部に所属、副将を務めている。彼は総理大臣に就任した際に、意外にも大学時代は空手道部だったということが話題になり、テレビカメラの前でややハニカミながら軽い突きのデモンストレーションをしてみせたことは記憶に新しい。

その後も、精道館には駒澤大学と愛知医科大学の空手道部が夏合宿を張った。地方都市が元気だったころの懐かしい昭和の思い出である。

前述したように、直方から国際的な空手指導者となった岡崎・森・榎枝の三名以外にも辻氏（法大）や、入江（拓大）、筆者や西村（駒大）、石田一樹（大正大、二〇〇五年全国空手道選手権大会 高校生男子個人組手優勝）を含めて大学や高校の全国大会で入賞者を数名輩出している。最近では二〇一八年に第一回の国際フルコンタクト空手道選手権大会（新極真会）で南原朱里が女子中量級で優勝に輝いた。空手のメッカ直方の伝統はなんとか生きつづけているようだ。

最初の空手日本一、世界一はどのように決まった？

ルールに則ったはじめての空手の試合が行われたのは、一九五四年にＪＫＡが主催した「宮城県支部結成記念空手指導と演武の会」（仙台市）とされる。拓大と東北大学の学生とＯＢが出場して大好評を得たという。

この手応えをもとに、ＪＫＡはほかの流派に先駆けて全国各地および大学間での公式試合の普及に努め、空手界初の全国大会の開催へと突き進む。そして三年後の一九五七年、空手界初の全国大会が第一回全国空手道選手権大会として東京体育館で行われた。

種目は男子個人の組手と形の二種目のみで、のちに欧州で主任指導員になった金澤弘和《かなざわひろかず》が組手で優勝している。同年、全日本学生空手道連盟も全国大会を開催し、空手道の競技化が一気に進んだ。

本部に指導員制度を確立したＪＫＡは、文部省や外務省からの熱い支援を受け、いち早く海外に指導員を送り出した。その結果、一九六一年から米国ロサンゼルスに派遣された西山英峻《にしやまひでたか》指導員の尽力により、一九七五年に同地で初の世界大会（ＩＡＫＦ）が開かれた。その大会では田中昌彦《たなかまさひこ》（現在八段）が組手で、形では大坂可治《おおさかよしはる》が優勝している。ともにＪＫＡ本部指導員だ。組手は榎枝のイギリスでの愛弟子ヒギンズが準優勝に輝き、大健闘した。

松濤館流空手で初の世界大会が、発祥国の日本ではなく、なぜ米国で開催となったのだろうか？　国際大会は英語圏で、というのがもっとも納得できる理由ではあるが、米国はあらゆることにおいて性急でイニシアチブを取りたがる覇権民主主義の国である。日本のように稽古中心の空手では目的がはっきりとしないので、「早急に空手をスポーツ化してオープン・トーナメントを実施しよう。そのほうが空手は発展する」と推進したはずだ。それには、「マーシャル・アーツ（武道）を新たなスポーツ・ビジネスにしたい」という商業主義も見え隠れする。

いずれにしろ、国際的スポーツとしての空手の将来性をいち早く評価した米国の貢献度は高く、西山はその後全米の主任指導員となり、国際伝統空手連盟（ＩＴＫＦ）を創立、最終的にはＪＫＡの十段位となった歴史に残る国際的空手家である。

統合と分裂、そして国際化の波

一九六九年一〇月一〇日、プロアマ選手を含む団体であるＪＫＡとアマチュア選手のみからなるＪＫＦが合同する形で、第一回全日本空手道選手権大会が日本武道館で盛大に開催された。これが主要四大流派を統合した形での初の全国大会ということになる。内容は男子の個人組手と団体組手の二種目のみが行われた。

形の競技が行われなかったのは、流派間で形の様式にかなりの隔たりがあるため、公平なる審査が困難と判断されたのであろう。

しかし、その後の諸事情から一九七五年にＪＫＡはＪＫＦを一時離脱してしまう。さらにＪＫＡを創立後、カリスマ的に牽引してきた首席師範の中山正敏が天に召されると、ＪＫＡは混乱期に入り、冬の時代を迎えることになる。

一方、ＪＫＦは空手を社会体育として国民体育大会への参加を目指し、空手道は一九八一年の滋賀国体から正式競技種目となった。なお、「世界一家人類皆兄弟」の実業家・笹川良一《ささがわりょういち》が

ＪＫＦの創立に携わり、初代会長を長期（一九五八〜一九六八）にわたって務めて、「空手はひとつ」を合言葉に強いリーダーシップを発揮した。

国内の空手界が競技団体としてのまとまりを欠くなか、過去における柔道界と同様、世界大会への実現に向けての動きは、日本ではなく外国勢が引っ張った。一九七〇年、世界空手連合（ＷＫＯ）が発足し、日本からはＪＫＦが加盟して同年第一回の世界大会が東京で、第二回は一九七二年にパリで開催された。これによって空手は、「世界の空手」になったのである。

最終的には、米国に渡ったＪＫＡの西山が設立したＩＴＫＦがくっつく形で、一九九三年世界空手連盟（ＷＫＦ）が発足した。欧州と日本が主体のＷＫＯと米国主体のＩＴＫＦが統合されたことで、東京２０２０オリンピックへの道が開けたのだ。

さらに、障害をもった選手が出場するパラ空手も急速に進展し、二〇〇五年からＪＫＦ主催の「全日本パラ空手道競技大会」（旧：全日本障害者空手道競技大会）が毎年開催されている。

頂点に立つ！――決意の全国空手道選手権大会

榎枝慶之輔の話に戻る。彼は拓大を卒業後、一旦社会人生活を経てプロの空手家を目指して同本部道場の研修生となる。首席師範の中山とその後に全米総師範になる西山からマンツーマンで空手道全般にわたる特別指導を受け、一九六一年に三年間の専攻研修を無事修了、晴れて本部指導員つまりプロの空手家となった。

さらに日本一を目指してよりはげしい稽古に日夜励み、二四歳で三段、二六歳で四段とハイスピードで昇格した。当時、彼が真に目指したのは段位を上げることではなく、「空手日本一」であり、具体的には全国空手道選手権大会の個人組手試合での優勝である。

一九六一年の第五回大会で三位、翌年第六回大会で準優勝、そしてついに一九六三年の第七回大会で、前年度覇者で最大のライバル白井寛との決勝戦を迎える（すべて千駄ヶ谷の東京体育館にて開催）。

「虎」の誕生――エノエダ時代の到来

ともに九州男児の白井と榎枝、雌雄を決するはげしい戦いを制したのは、前年の雪辱《せつじょく》を心に誓った榎枝慶之輔であった。ＪＫＡトップの中山をはじめ、多くの関係者は、この第七回大会決勝戦は歴史に残る名勝負だと讃えた。そして、榎枝のはげしい組手スタイルに対して、中山は「虎」というニックネームを授けた。松濤館《しょうとうかん》の虎、空手界のタイガー誕生である。

のちに、榎枝は同大会会長の田中角栄から直接トロフィーを授与されたことを一生の思い出と家族に語っている。さらに、この初優勝を振り返り、そのときの心情をイギリスの弟子たちに告白している。「大学で空手を本格的にはじめて以来、約一〇年間、一日も休まずにきびしい稽古を自分に課してプロの指導員になった。この大会で自分は絶対に優勝する。もし、優勝できなかったら空手を辞《や》める。道場には二度と顔を出さないという覚悟だった」。これがサムライなのか、と彼の弟子で作家のバトラーは著書に綴っている。

そして、この初優勝から榎枝が亡くなるまでの四〇年間を、イギリスの空手家たちは「Enoeda Era（榎枝時代）」と称する。二年つづけて決勝を戦った榎枝と白井は、その後生涯にわたって欧州で協力しあって空手の普及に全力で努めることになる（巻頭写真）。

タイガー、故郷「精道館」に現る

私が榎枝氏にはじめて会ったのは、いまから半世紀以上前の一九六八年～七〇年ごろまでの間と記憶している。たったの一度か二度の短い間だった。榎枝氏がイギリスから帰省した際に、父が創立したＪＫＡ直方支部道場である精道館《しょうどうかん》に挨拶《あいさつ》に来られたのだ。当時、小学生の私はまだ白帯か紫帯だった。

精道館は彼の実家から歩いて一五分ぐらいの距離にあるので、散歩がてらに来られたのであろう。父と榎枝氏は七歳違うが、地元の小学校から高校までは同窓なので、初対面であってもお互いに親近感をもてたはずだ。全日本選手権を制し、本部指導員から海外指導員となってイギリスに渡った榎枝氏を、我々地元の空手関係者は大いに誇りに思い、かつ緊張感をもって迎えた。

道場は礼節の場でもあるので、彼は一切無駄口をたたかず、背筋を伸ばし、軽い笑みをもって颯爽《さつそう》としていた。道場で最年少の小学生であった私にも、何かひとこと声をかけてくれたような記憶がある。

COLUMN

虎（タイガー）の命名者・中山正敏――空手界の嘉納治五郎

松濤館流の開祖である船越義珍《ふなこしぎちん》の愛弟子で本部道場を設立した中山正敏《なかやままさとし》は高木正朝《たかぎまさとも》らとともに、一九四八年空手団体としては初の公認団体である日本空手協会（ＪＫＡ）を設立した。

中山のルーツは信州真田氏の真田信繁《さなだのぶしげ》で先祖代々剣道の指南番を務めた家柄だ。中山の祖父は外科医で剣術家、父も軍医で柔道家だったが、「自分は医者になれるほど勉強をしなかったので、空手の道に入った」と謙遜《けんそん》しながら、私の父の道場に招聘《しょうへい》した際に語っていた。祖父は東京の月島で開業し、東京市会議員となって月島にはじめてチンチン電車を引っ張ってきたことは、地元では有名な話だった。

中山は拓殖大学に入学直後、剣道部に入ろうと道場に申し込み行った際、偶然空手の演武をはじめて見た。そこに船越の門弟二人がやってきて、半《なか》ば強引に入部させられたという。

中山は一九三七年に中国や台湾に渡って見聞を深め、北京《ペキン》では北京大学東学舎留学生という身分で、中国武術に混ざって空手の演武をはじめて披露した（一九四六年五

COLUMN

月引き揚げ)。彼は一九五八年にJKAの首席師範に就任後、国内外で精力的に空手の普及に務め、空手界の第一人者となった。空手の技をはじめて分析体系づけ、論理的空手道の著作を数多く残して、世界に通用する指導員を数多く育てた。

欧米やインドネシア・タイでも空手の実地指導を行った。私は中山の空手人生、とくに空手の体系化と積極的な海外展開を再確認するにつれ、彼は「空手界の嘉納治五郎」ではないかと思う。

一九六〇年ごろからの数年間に、一〇名以上の上級指導員を一挙に海外に長期派遣するという大英断は、中山自身の世界観からもたらされたものであろう。しかし、その多くは帰ってこなかったという現実に、彼は何を感じたであろうか。

第四章

空手を海外で披露

人気沸騰の空手

空手は「動く禅」

柔道は空手より早く世界に広まったが、六〇年代後半に入ると、欧州のいくつかの国では空手のほうが圧倒的な人気を得るようになった。一九七三年の記事によると、当時もっとも隆盛を誇った空手組織団体であるＪＫＡ本部には、数年間で世界五〇か国以上の国から空手留学生が訪れた。

さらにＪＫＡは海外からの熱烈なラブコールに応える形で、数年間に八〇人以上の指導員を海外に派遣し、そのうち三五人は常駐させている状態であったという。

ＪＫＡ創立当時は、いまでは考えられないが、米国では空軍、ロシアでは政治警察（ＫＧＢ）などからの指導依頼が舞い込んだ。ＫＧＢ出身のロシア・プーチン大統領も柔道の有段者であることからしても、当時の日本の武道への強い関心が見てとれる。実際に彼自身、自分の柔道場をもっている。

　榎枝をはじめ、海外に渡ったトップレベルの空手家たちがなかなか帰国しない理由のひとつは、現地の弟子や空手愛好家たちが彼らをなかなか日本に帰してくれないからである。実際に、イギリスで榎枝に心酔した当時のイギリス政府のビジネスアドバイザーであったアラン・ルイスは、「マスター・エノエダは空手大使のような存在。我々に感動を与え、その心が拡《ひろ》がる。日本に帰したくない」と日本のメディアに語っている。

　榎枝が一九八〇年代の日本の民放テレビ番組の取材で語っていたように、当時の日本の工業力を礎とした高度経済成長は、世界、とくに西洋社会に大きな驚きを与えた。そして、敗戦後一気に世界トップレベルの先進工業国になった「日本という国」の成功の秘訣《ひけつ》と独自の精神文化を理解しようと、若者たちが世界中の空手道場の門を叩いた。そして、純白の道着《どうぎ》にきりりと締まる黒い帯を腰に着け、師範を前に板貼りに正座して黙想し、静かに礼をするという「禅」とも似た空手の稽古に、西洋の若者の好奇心は掻き立てられた。

空手人気の秘密

　さらに、空手は上達レベルに合わせて「級」が取れ、帯の色が白から色付きに段々と変わっていき、数年稽古に励めば「段」、つまり黒帯に手が届くという空手特有の昇級・昇段システムも、西洋のスポーツにはない斬新なものだった。たとえばサッカーや野球には、上達者の指標であるような「黒いユニフォーム」は存在しない。

つまり、武道には己自身の昇級・昇段に加えて、相手がいる試合での勝利の獲得という、二つのビッグ・チャンスがあることに外国人は魅力を感じた。この二重の目標設定は、むしろ日本人より西洋人の合理的趣向に合うのかもしれない。

さらに、70年代に急速に高まった空手人気のもうひとつの理由として、ブルース・リー主演のカンフー映画の影響がある。当時、海外ではカンフーと空手の区別はつかなかったようだ。

私も高校時代、空手道部主将として一九七六年に米国カリフォルニアの州都サクラメントと豪州のパース近郊で演武を行ったが、反響はとても大きかった。豪州では一八〇センチはゆうに超える白人男子が最初は好奇の眼差しで小柄な私の形の演武を見つめていたが、演武を終えると私から目をそらして席を立たず、はじめて見た「黒帯」の技に明らかに畏怖《いふ》を感じていた。

外国人が気に入った「ＯＳＳ（オッス）！」

武道は子どもの精神修養に良いという考えが広まり、米国のＹＭＣＡをはじめ、多くのスポーツクラブに柔道・空手のプログラムが取り入れられて大人気となった。空手の挨拶《あいさつ》である「押忍！」はとてもシンプルであるがため、外国人に非常に受け入れられ、外国の道場では日本と

イギリスの子どもたちに指導する榎枝
ロンドン、クリスタルパレス合宿。

は少し違うトーンの「ＯＳＳ（オッス）！」が大きくこだまする。この明快で元気がでる瞬発的な挨拶も、ほかの武道にはなかった空手の魅力だった。この傾向は現在でもつづいていて、ＳＮＳのＫＡＲＡＴＥサイトでは「ＯＳＳ」が飛び交っている。因みに世界空手連盟（ＷＫＦ）が２０２０東京オリンピックの種目化をめざした際のスローガンは、Say〝OSS！〟For KARATE（空手のために〝押忍〟と言おう）であった。

当時、子どもたちは空手の道着を身につけると、忍者やサムライにもなれると信じた。長い休暇を楽しむ欧州のサマーキャンプのキッズ・プログラムでも、日本の武道はいまでも大人気だ。二〇〇一年夏に我々家族は Club Med のツアーでスイスの避暑地であるポントレジーナに二週間滞在したが、そこではＪＵＤＯ教室が大人気で、我々の子どもたちが予約もできないほどであった。

スカルノ大統領との出会い

一九六三年、榎枝が全国空手道選手権大会で初優勝した会場の東京体育館には、ある国際的政治家が観戦に来ていた。インドネシアのスカルノ大統領である。

当時、燃料資源に乏しい日本はインドネシアの天然資源に目をつけ、スカルノとの友好関係を急速に深めていた。昼、夜と日本のおもてなしに感動、日本を大好きになったスカルノは、日本の空手に強い興味をもつようになり、選手権会場に駆けつけたのだ。そして、彼の目の前で日本一の空手家になった榎枝に惚れ込んだスカルノは、彼の師匠であるＪＫＡトップの中山正敏を介して、半年間のインドネシアでの空手指導を要請した。

長身で背筋を伸ばした凛《りん》とした立ち姿の榎枝には武士のような品格があり、同時に彼に内在する友好的な国際的センスを見出したのであろう。スカルノからの熱烈なラブコールを受けて、中山とともに榎枝はインドネシアに向かうことになる。

インドネシアでの空手指導とデビ夫人

一九六三年の九月から三か月間、榎枝は中山らとインドネシアに滞在することになる。当時のスカルノには政敵も多く、彼の要請に応えて、二人は大統領のボディーガードのみならず、警察にまで空手を教えた。日本一、ある意味では世界一の空手家となった榎枝の指導内容に格別な満足感を示したスカルノ大統領は、榎枝を特別な夕食に招待した。

首都ジャカルタでの歓迎会には大統領とデビ夫人も参列し、盛大なパーティとなった。そして豪勢なコース料理が振る舞われたのだが、そのなかに、ある特別な料理が出された。これまで見たこともない白いゼリー状のものがボウルに入っている。それを口にした榎枝は、不思議な食感に襲われ、「これは何か？」と尋ねた。するとデビ夫人は、「これは本当に珍味で、すごく高級な料理です。特別なゲストにしかお出ししませんのよ」と笑顔で答えた。

それでもまだ怪訝《けげん》そうな表情をしている榎枝に、デビ夫人はキッパリとした口調でこう言った。「それはサルの脳みそですのよ」。何かまるでイギリスの「００７」映画か、ハリウッド映画の「インディジョーンズ」のシーンを見ているようでもある。

日本の外交史に書き留めておきたい希少なエピソードである。


スタン・シュミット、空手を習いに憧れの日本へ

四谷にあったＪＫＡ本部道場は早くから外国人練習生に門戸を開いていたので、世界中から多くの外国人が訪れた。

そのなかでも南アフリカから来たドイツ系で親日派の銀行員スタン・シュミットは特別な存在だ。彼は外国で柔道の初段を取ったのち、練習で足を骨折して入院していた。もう柔道の稽古は無理かもしれないと落ち込んでいるときに、シンガポール軍人の柔道の先生が日本の空手の本を持ってきてくれた。その本には、「空手家は決して稽古を休まない」と書いてあったことに感動し、その日から病院のベッドに座ったまま空手の稽古をはじめた。

どうしても日本で空手を習いたいという想いが日ごとにつのり、一九六二年に初来日した。あらゆる空手道場を見学した結果、松濤館《しょうとうかん》流空手の美しいテクニック、鋭い動き、規律正しい稽古に感激して四谷のJKA本部道場の門をくぐった。入門後、希望した中級クラスに振り分けられ、そこでC・W・ニコルらと一緒に稽古に励んだ。そのクラスでの指導主任が榎枝師範で、その後二人は長きにわたって師弟関係を構築することになる。

シュミットは二〇〇三年春、外国人師範としてはじめてJKAの全国指導者会議で特別講師を務めた。国内外から一八五名の指導者が集まるなか、講演を依頼された元銀行員のシュミットのテーマが「技術より心術」というのが心にくい。そして、師匠榎枝との永遠の別れを惜しんだ。

空手界トップ4を惜しみもなく海外へ

しかし一九六〇年代当時のJKA本部は、なぜここまで現役のハイレベルな若き全日本覇者たちを、次々と海外に長期間送り出したのであろうか？　米国にはすでに数名の指導員を派遣していたうえに、一九六四年には前年の全日本覇者（形競技）の浅井哲彦をハワイへ、そして翌年トップ4を欧州に同時に出すという大英断である。

この疑問に対して、榎枝は後述する日本のテレビ番組の取材で、次のように答えている。「当時、空手は世界的なブームになりだしたころで、海外では空手と称して本当の空手ではない格闘技があちらこちらで広まりつつあった。そういう情報を得て我々は危機感を感じ、日本のトップ四人が直々に正しい空手、本当の空手を披露する、という強い気持ちで渡航した」。

空手四天王　米国に着いて模範演武をした空手四天王。左から白井寛、金澤弘和、加瀬泰治（団長）と榎枝。右端は、すでに米国で指導主任をしていた岡崎照幸。1965年

最初は「訪欧米演武団」として海外の主要国をほぼ回り終える半年で帰国する契約だったのだが、各地での反響がものすごく大きく、日本政府やJKA本部に彼らを一～二年滞在させて指導できないか、という問い合わせや現地からの要望が相次いだ。北米・中米にはすでに先発隊が現地でしっかりと根を下ろしていたこともあり、結局、最後

に訪問した欧州に四人全員が留まり、それぞれの滞在地の強い要望によって、結果的に長期にわたって現地で指導することになったのだ。

ふり返れば最初は一九二二年に船越義珍《ふなこしぎちん》が沖縄の空手を日本本土に広めた。その次世代として、自身の戦争体験からすでに世界観をもっていた中山正敏《なかやままさとし》が、一九六〇年代に空手を大きく世界へと飛躍させたのだ。まさに、「雄飛」という言葉どおりの決断である。

それにしても、この英断にはいまも驚くしかない。比較はむずかしいが、柔道でいえば山下《やました》泰裕《やすひろ》と斉藤仁《さいとうひとし》という二人の若き全日本覇者を同時に長期にわたって海外へ出してしまうようなことだからだ。当時はまだ空手という組織団体の歴史が浅くて、未来へのビジョンがじっくりと描けなかったのであろうか。彼らのうち二人でも日本に留めていれば、まだまだ現役選手として大活躍できただろうし、当時最大組織だったＪＫＡは国内での円熟期を迎えることができたという見方もある。

彼らは国内で多流派をまとめ上げるという組織化の難題より、政府の後押しもある海外展開の道を選んだのであろう。

国際航路での演武に大喝采

榎枝と中学・高校の同級生であった森茂嘉から聞いた興味深い話がある。

彼ら四人は国際航路の長い船旅のなか、体を持て余して船内で空手のトレーニングをしていたら、周りの外国人からぜひデモンストレーションをしてくれとの要望がきた。それに応えて全員で形の演武を行ったら、拍手大喝采《だいかっさい》だったという。

これらの体験が長期海外出張へ向かう彼らの緊張感を和《なご》ませ、期待感を高めたのであろう。このエピソードは榎枝自身が帰省時に語っていたものであり、その後の海外での空手指導の大成功を予知させる船出のワンシーンともなった。そしておそらく、この演武ははじめて外国人が船上で目の当たりにしたトッププロの空手家たちによるデモンストレーションだったであろう。

最終的に、金澤と榎枝はイギリスに、加瀬はフランス、白井はイタリアへとヨーロッパ圏内の主要国に分散して長期にわたって指導することになる。

COLUMN

盟友・浅井哲彦――台湾空手の父

榎枝の盟友・浅井哲彦は拓大空手道部の同期で、寮生活でも苦楽をともにした親友だ。榎枝が主将、浅井が副主将を務め、二人とも卒業後にＪＫＡ本部研修生となった。一九六一年、浅井哲彦は皇太子（現在の上皇）天覧のもとで開催された全国空手道選手権大会において組手で優勝、一九六三年の同大会では形でも優勝するという非凡さを見せた。

東京五輪開催の一九六四年、榎枝ら四人より一足早く二九歳の若さで世界へ向けて空手普及のため旅立った。ハワイをはじめとして、台湾全土へ空手を導入、積極的に指導員を育成し、台湾空手の父と称された。七〇カ国余りを訪問するなか、スペインをはじめとする十数か国の警察学校で実地指導を行って高い評価を得たことは特筆すべきである。

帰国後、ＪＫＡ首席師範に就任した後に独立、新たな展開を求めて日本空手松涛連盟を設立したが、七一歳で天に召された（最高位十段）。いわば、妖気漂う天才型空手家であった。

COLUMN

空手による文化交流

最強四人を一挙に失ったＪＫＡ

ただ、日本の空手界（正確にはＪＫＡ）の実力トップ4をまとめて海外へ長期にわたって出張させるという大英断には、当時の日本政府の文化的、外交的要請が大きく関与している。「国際化に成功した柔道のあとは空手だ。さあ柔道につづけ」、というゴーサインであろう。

そして、彼ら全日本覇者たちがいっぺんにいなくなった日本の空手界は、その後どうなったのか。もしかしたら、ＪＫＡという当時最大流派のその後の低迷は、実力トップ4を一度に失ったことに起因するのではないだろうか。

たとえば、長嶋茂雄と王貞治という日本最大のスタープレーヤーの二人をいちどにアメリカのメジャーリーグに取られたとしたら、巨人軍のみならず当時の日本プロ野球界は光を失い、現在にいたる反映はなかったであろう。現在はテレビの衛星中継やＳＮＳで大谷やダルビッシュの活躍を常時観ることができるが、当時は海外からオンタイムの情報はほとんど入ってこなかったからである。

しかも、空手界は多流派からなるという、ややこしい組織である。内部（国内）をもう少し熟成させてからでも遅くはなかったのではないかと、幼少期からＪＫＡメンバーで長期海外滞在歴もある私が、半世紀たったいま振り返ることを許していただきたい。

「ボクシングより空手の方が強い」という風評が巷《ちまた》で拡がったのも事実だ。結局、近代化以降の西洋人は異文化へのアプローチはとてもせっかちであり、それらをいち早く自分たちの目でとらえ、自分たちの地で評価したがる傾向がある。「美味しそうなものがあれば、自分たちだけで口にせず、こちらまですぐもってこい」という強引ともいえる発想だ。とくに資本民主主義で超大国となったアメリカは、世界でもっともせっかちでビジネスライクな国だろう。

アジアの敗戦国日本に対して、「空手が格闘技として使えそうなら、自分たちだけでやらずにこちらでやれ」という考え方がその底流にある。それらの政治的な要望・要請に早急に対応すべく、トップ４をいちどに海外へ送らざるを得なかったというのが実情かもしれない。

アパルトヘイト下の南アフリカで空手指導

一九六五年四月、当時の文部省の国際交流事業の一環として、若きＪＫＡ本部上級指導員の加瀬（団長）・白井・金澤・榎枝の四人は、外国へ空手普及の旅に出かけた。

　彼らはまずハワイ、そしてアメリカ本土に渡ってニューヨーク、ロサンジェルス、シカゴ、最後にフィラデルフィアで空手を披露した。さらに大西洋を飛んでヨーロッパへ移動し、ドイツ、ベルギー、オランダ、フランス、最後にイギリスの順で訪問した。どの地でも日本の空手トップ4のハイレベルな演武に対する反響は彼らの予想をはるかに超えたものであった。

　その後、彼らは南アフリカ共和国政府の要請で半年以上も同国に滞在、各都市に四人が散らばって指導することになる。彼ら四人は、加瀬が同国のダーバン（前年に続き二度目）、金澤がプレトリア、白井がケープタウン、そして榎枝がヨハネスブルグと、散らばって滞在した。

　当時の南アフリカはアパルトヘイトと称する黒人への人種差別が激しく、黒人に見られないように塀の中で白人だけに空手を教えることを依頼された。当時の状況から、空手は白人だけのための格闘術だったのかもしれない。

　南アフリカ共和国での半年間の指導を終えた四人は、ヨーロッパから継続指導の要請が続々きているとのＪＫＡ本部の指示を受け、ふたたびヨーロッパに戻って、それぞれ分かれて指導することになった。ただし、榎枝に対してＪＫＡ本部から帰国の要請がきたが、彼はイギリスに滞在しつづけることを強く希望した。

　渡航した四人は抜きんでた空手家たちだ。たとえば、金澤は榎枝の大学空手道部二学年上で、

ＪＫＡ主催の第一回全国大会で組手優勝、第二回では総合優勝している猛者だ。彼がハワイで指導をしていたときに、当時の世界的人気歌手エルヴィス・プレスリーから、「カラテ・チャンピョンのカナザワにカラテを習いたい」と言ってきたのも事実だ。

これだけ豪勢なメンバーを一度に送り出した理由のひとつには、他流派との競合もあった。たとえば、和道流はもともと松濤館流から派生したものであるが、一九六三年、他派に先駆けて鈴木辰夫指導員に欧州を巡回させ、空手を披露させている。

その後イギリスに長く滞在した鈴木の卓越した指導により、和道流空手はイギリス国内でも大きく発展した。

放たれた虎（タイガー）

イギリスでその後の人生をほぼ全うすることになろうとは、榎枝自身も渡英時には考えてもみなかったであろう。これは現在でもイタリアとフランスに居を構えている白井や加瀬も同様であろう。

公式には榎枝は前年から指導していた東京芸術大学と防衛大学の体育教官という身分での海外長期派遣だったようで、彼は世界で二五人目の空手道五段位（ＪＫＡ）に昇段していた。

榎枝は立ち寄った先から実家に頻繁に便りを出していて、アフリカで稽古中にワニと遭遇した体験や現地の若い女性と並んで映った写真を同封し、「こちらで嫁さんを見つけたと言ったら驚く?」と書いて、家族をびっくりさせていた。

しかし、すでにイギリスには、一九五七年からJKAが支援した最初の空手団体である英国空手協会(BKF)以外にも個人的な小さな空手クラブが存在していた。彼らの渡英時には一〇~一五の小さな練習場が存在していたが、そのなかには空手とは名ばかりの「まがいもの」もあったという。正統派を自認し、当時もっとも組織化されていたJKAはイギリスでの中核をなさねば、という使命感や危機感もあったはずだ。

JKAトップの中山は、若き榎枝のことをこう評している。「榎枝の豪快な大業は定評がある。強靭な足腰に物をいわせて繰り出す破壊力の大きな突き・蹴りはちょっとやそっとでは受けきれない。とくに相手の後ろ軸脚を深く刈り込んで跳ね飛ばす足払いは、凄《すさ》まじいものがある」。

南アフリカに降り立ったサムライ・エノエダ

シュミットは指導主任となった榎枝のことを、きびしくもユーモアのわかる先生だったといい、榎枝もシュミットのファイティング・スピリットを気に入って、特別に組手の個人指導をした。

その後帰国したシュミットは、毎日五~六時間の猛稽古を行い、一九六六年に昇段審査を受けるため再来日した。予想以上に上達したシュミットを見た中山首席師範は、彼に三段を受けるよう指示を出した。

彼は昇段審査に合格したあと、当時人気が高かったNHKのクイズアワーの「それは私です（私は何をやっている人でしょう）」に出演するようにいわれ、多くの解答者が銀行員や医者と答えるなか、シュミットが「空手です」と答えると、一同驚きの声があがった。そこで三段の証書がはじめて彼に手渡されると、スタジオ内から大拍手が起こり、シュミットは最高の気分になったという。前述したように、この番組には同じテーマで師匠の榎枝も数年前に出演している。

そのころ、彼は南アフリカ共和国の首都ヨハネスブルグを中心に指導をはじめ、JKAの支部道場を数か所も開設するほど空手にのめり込んだ。最初は一九六五年に国際視察の旅に出たJKAトップ4を南アフリカに招待し、とくに榎枝にはヨハネスブルグの本部道場で特別指導を依頼した。空港に出迎えた際、榎枝は頭が丸刈りで無精髭《ぶしょうひげ》をはやし、まるでサムライのような風貌だったと語っている。そして榎枝のダイナミックな技と強い気合を入れ込んだ熱い指導に、ヨハネスブルグの生徒たちは畏怖と崇拝の念を抱いたという。

榎枝に半年間自宅に泊まってもらい一緒に生活するなかで、シュミットは精神的な面で大変勉強になったという。この精神論が彼のモットーである「技術より心術」につながったのであろう。

その後、彼はイギリスで最高師範をしていた榎枝を毎年にように南アフリカに招待した。

愛弟子シュミットとのはげしい組手稽古

空手道をきわめようとする愛弟子《まなでし》スタン・シュミットからの熱烈な要請を受け、榎枝はロンドンから南アフリカへ毎年のように指導の旅に出かけた。榎枝は頼まれると断ることができない昔気質の九州男児である。そして、二人の師弟愛は日ごとに高まっていくと同時に、心が通じ合った大切な友人という関係に発展した。

あるとき、榎枝が、「スタン、これから毎日二人だけの稽古をしよう。毎週金曜日は組手（スパーリング）の特訓だ」。シュミットは東京四谷の本部道場での榎枝のまるで猛虎のようなはげしい組手稽古の指導を思い出し、恐怖感がつのってその夜は一睡もできなかったという。榎枝のはげしい組手稽古は本部道場では有名で、つねづね「ハードな組手をする」というのが彼の信念だった。とくに彼の足払いは強烈で、それによって足を折る弟子もいた。榎枝は若いころに柔道二段を取得しているので、彼の大胆な足払いは柔道の送り足払いに非常に似ている、と私は彼の動画を見て思った。

スタンはそれを目の当たりにしていたから、強い恐怖を覚えたのである。

南アフリカで猛特訓　スタン・シュミットに組手を教える榎枝。ヨハネスブルグ。1965年。『Keinosuke Enoeda : Tiger of Shotokan Karate』より

南アフリカへ到着後、月曜日から木曜日まで、汗だくだくになり倒れそうになるまでの基本技と形の凄《すさ》まじい稽古の日々、そしてスタンにとって恐怖の金曜日がやってきた。スタンは毎週金曜日の組手稽古をなんとかくぐり抜けたが、いちど榎枝の踵《かかと》落としが太ももに入り、足を引きずらないと動けなくなってしまったことがあった。

しかし、根は優しい榎枝は、スタンの愛車ボルボを代わりに運転して彼を自宅まで届けてくれた。シュミットはこう語る、「榎枝先生がいなければ南アフリカの空手は発展しなかった。心から感謝しているし、私は彼を兄のように慕っている」。

双脚刈(もろあしがり)　榎枝しかできないといわれた豪快な双脚刈。『ベスト空手』より。

タイガーも人の子

榎枝は「たとえ弟子との稽古であっても、決して気を抜かない。隙《すき》を見せたらダメだ」と公言していたとおり、若いころは道場でもたいへんきびしかった。しかし、相手が友人であれば、話は別である。

スタンと師匠榎枝との二人だけのはげしい組手特訓での出来事だ。ドイツ系白人のスタンは身長が約一八五センチで手足がとても長い。あるとき、たまたまスタンが放った長く伸びた突きが師・榎枝の顔面をとらえてしまった。それほど強い突きではなかったが、出会いがしら的に先生の口元に命中したのだ。

すると、スタンは何か細かく硬いものが地面にパラパラと落ちるような音を耳にした。なんだろうと見てみると、それは榎枝の歯のかけらだった。

さらにある日の組手特訓での出来事だ。スタンが軽めに出したつもりの前蹴りが思いのほか伸びてしまい、師・榎枝の上腹部にドンと入ってしまった。胃を蹴られると、のたうちまわるほど苦しい。友人となった弟子スタンに気を許したのだろうか、榎枝は地面に倒れ込み、のたうち回った。タイガーも人の子であった。

オーストラリア・パース——私の空手演武

若者が空手などの武道やボクシングなどの格闘技をはじめる動機に、「弱虫だった」とか「おとなしかったからいじめられた」「小柄だったから、よくからかわれた」などの苦い体験をあげる人も多い。ボクシングで世界チャンピオンになった選手のなかにも、子供のころは泣き虫でいじめられっ子だったという話もよく聞く。それらの悔しい思い出は反骨精神となり、過酷な練習に耐えうる下地になるのであろう。

身長一六六センチと小柄な私は、大きな外国人の前に普段着で立つと、これで空手有段者なのかと疑いの目で見られたことがあった。

一九七六年、空手道部主将となった高校二年の冬、オーストラリアのパースに国際ロータリークラブの交流事業で行ったときのことだ。渡航前の打ち合わせで空手の披露を依頼されていたので、空手道着に黒帯を巻いて持参することにした。

当時はまだ豪州へのパック旅行はなく、直行便もなかった。西オーストラリアのパースには東南アジアを経由して行くので、コレラの予防接種を二回も打ち、大阪の伊丹国際空港から香港・クアラルンプール・ジャカルタ経由でパースに夜到着という長旅であった。当時のパースは地中海と気候が似ていて、世界一住みやすい町（兼高かおる談）と言われていた。夜空には初めて見上げる南十字星が燦然と輝いていた。

翌日、パース近郊の町ウエジンのロータリークラブの歓迎会で空手の演武をすることになった。現地で私の案内役になったのは、はじめて会うロバート・フレッチャーという名の私と同年の一八五センチの大きな白人だった。小柄な私を見て中学生と思ったとからかいながら話してきたのだが、私が空手道着に着替え黒帯を締めてホールに現れると、ロバートの目の色が変わった。そして、私が気合いを入れて空手の形の演武をすると、目の前で見ていた彼の表情がさらに一変した。

フロアから大きな拍手が起こり、もう少し演武をしてくれとリクエストされたので、ロバートに僕の前で相手を努めてくれるかと要請したが、彼の表情はこわばったまま、席から絶対に立とうとはしなかった。はじめて見るものに対して、西洋人は概して非常に慎重である。日本の武道は外国との友好親善での武器になることは間違いない、と肌で感じた豪州旅行であった。

なお、筆者が医学部六年生のときのある祝賀会で、父親・安倍晋太郎外務大臣の代理で出席した安倍晋三秘書官（のちの内閣総理大臣）の面前で空手の形の演武を披露したことがある。演武後、私のほうに近寄って来られ、「すごい気合いですね」とあの柔和な表情で語られたことを思い出す。

空手は日本外交の強み

西洋の代表的格闘技といえばボクシングとレスリングであるが、手技だけのボクシングには足を使うキックがない。

足は手の約三倍の威力をもつので、ボクシングだけでは最強の格闘技としては不十分といわれる。レスリングは柔道と似て相手をつかまえるとこの上なく強いが、いわゆるパンチやキックという飛び道具がなく、やや実戦的ではない。

そうすると、格闘技の中でひとつだけ身につけるとすると、鋭い突きと強い蹴りが主体の空手を抜きにしては語れないという結論になる。ちなみにキックボクシングは、空手やタイ式ボクシングといわれるムエタイから派生したスポーツである。

自分自身の体験からしても、外国人の空手に対する憧れは我々日本人の想像を大きく超えている。日本人は概して体格が小さいので、西洋人は最初見下してかかってくる。しかし、いちど空手の上級者の技を見ると、彼らの顔つきは緊張した表情に変わる。さらに実戦的な技を披露すると、その表情は驚きから憧れに変わってくる。

つまり、日本の空手は国際交流の場に有用な武器となるのは間違いなく、ひいては日本の武道を見せることで、外交的なメリットも生み出される可能性を秘めている。オリンピックや各種ワールドカップで諸外国がしのぎを削るように、武道で「強い日本」を見せることも大事なことなのだ。

COLUMN

イタリア空手の父となった盟友・白井寛氏の叙勲

一九六三年に榎枝と日本一を争った白井寛も前年の全国大会の組手と形の両競技の覇者で、日本を代表する「心・技・体」そろった歴史に残る空手家である。

彼は榎枝らと渡欧後、一九六五年から現在までイタリア・ミラノに腰を落ち着け、イタリア伝統空手・武道連盟（ＦＩＫＴＡ）を創設、イタリア国内外で松濤館流の師範として空手の指導・普及に務めた。さらにイタリア松濤館学院（ＩＳＩ）を設立し、空手指導に尽力した。

日本の武道である空手を海外に広めるという文化交流は、一般の人が考える以上に日本にとって大きな外交力となる。二〇二一年、日本政府は日伊友好関係に大きく貢献した白井に勲記および勲章を授与し、在ミラノ日本国領事館で叙勲伝達式が行われた。榎枝と同様、私は心から拍手を送りたい。

なお、ドイツでも長井昭夫師範が長年にわたる空手指導を通じた社会貢献に対して「功労十字勲章」を授与されている（二〇〇〇年）。これらの名誉も母国の日本ではほとんど報道されていない。

COLUMN

第五章　イギリス空手の父へ

リバプールにて

イギリス各地で空手演武に大喝采

一九六五年四月下旬、年長の加瀬泰治《かせたいじ》をリーダーとした金澤弘和《かなざわひろかず》・榎枝慶之輔《えのえだけいのすけ》・白井寛《しらいひろし》の空手ビッグ4は、アメリカから大西洋を超えてイギリスに渡った。そしてロンドンの中心ケンジントン、ホーンジー、そしてポプラーの公会堂で三日間模範演武を行い、大成功をおさめた。まるでファブ（fabulous）４（素晴らしい四人組）と言われたビートルズの四人衆のようだ。宿舎に帰った彼らは、その反響に大満足だったという。その後、彼らはマンチェスターとリバプールでも演武を行い、とくに港町リバプールではロンドンに増して大反響だった。

この巡回デモンストレーションでの大成功は、日英間の友好事業を一気に進展させる効果をもたらせた。一九六六年、イギリス政府の外郭団体である王立アカデミーは、公式に金澤・榎枝らＪＫＡ指導員を招聘《しょうへい》し、既存の英国空手協会（ＢＫＦ）から英国連合空手クラブ（ＫＵＧ

金澤の横飛び蹴り　リバプールの公園で横跳び蹴りを披露する金澤弘和(左)と、それを受けて立つ榎枝。1966年

B）の設立を促した。

最初のKUGBの会長は金澤が務め、JKAからは英国主任指導員というポジションが与えられた。金澤には空手の技の極意を体得した、きわめて数少ない空手家のひとりという国際的評価がある。

沖縄発祥の空手が予想以上に国際文化交流の武器になることに日本政府は驚き、JKAの組織化が後押しされたようだ。

彼らトップ4も海外での予想以上の反響に強い手応《てごた》えを感じたが、当初は全員が長期滞在になろうとはだれも思ってもなかった。結局、空手ビッグ4は、その後の人生の大半をそれぞれ欧州の赴任地で送ることになる。

リバプール・ファースト

一九六五年、英国空手協会（ＢＫＦ）からの招聘を受け、榎枝も日本のＪＫＡ本部と密に連絡を取りつつ、イギリス最大の港湾都市であるリバプールで空手の指導を行うことになった。同地では、イギリス主任指導員となった金澤との二人体制である。剛の榎枝、柔の金澤と称された強力なコンビだ。あのビートルズを生んだリバプールが、彼らのイギリス最初の赴任の地となったのだ。

リバプールでは、最初にＹＭＣＡ、次にヴィクトリア・ストリートに「ＳＡＭＵＲＡＩ」という道場を設立、そして「レッド・トライアングル道場」で本格的な指導体制を確立した（巻頭写真）。レッド・トライアングル道場のすぐ近くには、ビートルズがデビューした有名な酒場“Cavern Club”がある。

熱狂的なビートルズファンのひとりである私も、二〇一三年秋に医学会でリバプールを訪れた際、彼らの青春の思い出の地を半日かけて観光した。

しかしビートルズのメンバーが、リバプールで空手を見たことがあったのかどうかは定かではないうえ、一世代上の榎枝自体も若者が熱狂するロックやヒッピー文化にはさほど興味を示さなかったようだ。

波止場でのパプニング

榎枝と郷里直方《のおがた》の同級生であった森茂嘉《もりしげよし》さんから直接聞いたおもしろいエピソードがある。渡英後、一時帰国した際に開かれた親しい同級生だけの歓迎会で、榎枝自身が語った話である。

渡英して最初の赴任地リバプールで空手の指導をはじめた。最初の住まいはパーシー通りのアパートだった。ようやく弟子が付き出したころ、港湾都市リバプールのドック（波止場）にある公園での催しもので、イギリス人の弟子をともなって空手の模範演武を披露した。演武だけでは物足りなかったのか、観客のひとりが波止場の船に架けられていた、濡れた分厚い板切れを持ってきて自分の前に差し出した。そして、これを割れるかと言う。日本ではそのような状況で試し割りをした経験がなかったので、内心どうしたものかと困ってしまった。しかも持って来られたのはかなり厚い板で、厚みが一〇センチ弱もある。その上、濡れているので、余計に割りにくい。周りが固唾を飲んで見守るなか、首を振るわけにはいかなかった。そして、全精神を込めてエイヤと思い切り蹴ったらみごとに真っ二つに割れ、観客から驚きの歓声が上がった。大きな拍手喝采《かっさい》を浴び、心から安堵した。

当時のリバプールは、長引く不況で治安が悪くなっていた時期だ。そういった状況のなかで大和魂を胸に空手家としての意地をみごとに発揮した榎枝に、いまからでも私は、とびきりの拍手を送りたい。

その後、日本で空手の世界大会が行われた際、榎枝はイギリス人の弟子を五名従えて帰郷し、地元の市民体育館で演武を行い、故郷に錦を飾った。その夜、弟子たちをすべて自宅に泊めたのはいいが、本人だけさっさと近くのビジネスホテルに行ってしまったので、言葉が通じず食事の世話が大変だった、と妹の道恵さんは苦笑いで当時を振り返る。

空手人生の岐路

この件以来、イギリス人の弟子たちは「センセイ・エノエダ」を俄然《がぜん》信望するようになり、口コミで弟子数も増えていった。

そして、榎枝はこう付け加えた、「あの板が割れなかったら、その後、異国の地イギリスでの空手指導に自信がもてず、早々に帰国していたかもしれない」。ビートルズを生んだ港町リバプールのドック（波止場）は外国との交差路だ。榎枝にとってまさに運命の分かれ道だったのだ。

そして、彼は空手家の宿命ともいうべき、その後も幾度か突然で無茶な試し割りを要請される事態に遭遇するのである。

榎枝の上段蹴り　得意の蹴り技を披露する若きタイガー。リバプールの道場にて。1966年

私もリトル空手家であったころ、友達から瓦割れるかとか、板は何枚？　などと要求がひっきりなしに来るのに悩んだ。もともと、試し割りは空手の本義ではなく、剣術界の「試し切り」を応用したものだ。まして身体が発達途上の子どもでは試し割りは決してやってはいけないパフォーマンスなのだ。客寄せ目的で試し割りばかり強調する空手家もいたようだが、実戦の強さと試し割りの成果は一致するものではない。

なかにはインチキ試し割りもあって、すでに割れ目を入れている厚い板をこっそり使っていた演武も見たことがある。

しかし、当時の西洋では、空手はほとんど見たことがないアジアの神秘的な格闘技であり、現実主義の彼らには、試し割りを見ることによってしかその実力を知る術《すべ》がなかったのだ。

その後、榎枝は、「空手を誤解してもらっては困る。試し割りは空手のごく一部にすぎない」と言いつづけ、正統派空手の伝承に務めた。

武士道と騎士道

「武士道」とは戦う武士の道、すなわち武士がその職業や日常生活において守るべき道を意味する。ひと言でいえば「武士の掟《おきて》」のことであり、これは騎士道におけるノボレス・オブリージュ（高貴な身分にともなう義務）と類義であろう。それは、単なる身体的な強さを競い合うものではなく、「心構え」「気構え」「器量」「理想」「志」といった精神面を鍛え上げることに重きを置く教えである。

したがって日本が武士道なら、英国は騎士道という対比は的を得ている。英国人で日本に帰化したC・W・ニコルは、「日本人は戦争やスポーツの試合では勇猛果敢な戦士であるのに、一般におとなしく行儀がいい。これは武士道の精神だ」と語っている。榎枝の立ち居振る舞いにも、近代化した武士という印象を受ける。

私はイギリス滞在中に、ある騎士道の本を読んだ。そこには、「騎士道とは愛する母（女性）を守ること」と書かれていた。

その言葉から、「武士道とは敬う父（または主君）の教えを守ること」と、私なりに解釈してみた。ともに長い伝統を誇る先進国の島国である日本とイギリスは、どこか相通じるものがある。

サムライ・エノエダ

榎枝慶之輔には「サムライの匂いがした」と多くの外国の弟子たちが語る。実際に彼の両親の先祖は武士だった。昔の武士の教育に弁術はなく、彼も幼少期から、日ごろは無口で無駄なことはしゃべらなかった。彼のサムライ的な指導に対して、ひたむきな稽古で答えようとするイギリスの多くの若者がいたということは、鳴《な》りを潜《ひそ》めた騎士道精神を日本の武道に求めているのかもしれない。

英国人に黒帯を　榎枝は、愛弟子A・シェリーとJ・チャールトンの二人に黒帯を与えた。リバプールの道場にて。1966年

　武道の「礼にはじまり、礼に終わる」という教えは、外国人にも新鮮なインパクトを与えつづけた。金澤の後任として英国主任指導員となった若かりし日の榎枝が、現地でも日本流のハードでストイックな稽古を課したことは、いまでも語り草になっている。「イギリス人はおのずと騎士道精神が備わっているので、日本の武士道を理解できる。だから、はげしい空手の稽古《けいこ》にもついてくる

ことができる」と、金澤はのちに語っている。

一方、彼は豊かな人間性も合わせもっていた、と当時のＪＫＡ幹部の高木氏は語る。つまり、榎枝は、「国際親善」を胸にひとりでも多くの外国人に空手の素晴らしさを伝えたいがために、取材人や見学者、入門希望者にはイギリス紳士のようにていねいに接した。「ローマではローマ人のように」という有名な教えがある。

彼が「空手は女性の健康維持にも良い」と笑顔で宣伝していたのは、おのずと騎士道精神が身についていたのであろうか。

薩摩藩では武士道の教えを「郷中《ごじゅう》」といい、「武道第一」「質実剛健」「嘘をつかない」を若者たちへの教育指針としてきた。榎枝の先祖は薩摩藩ではないが、彼の振る舞いがこの教えを体得しているように見えるのは、同郷のひいき目であろうか。

ビートルズを生んだリバプールでの壮絶な稽古

一九六六年、榎枝らはリバプールの数名の弟子を引き連れてリバプール・ショウという公開イベントで空手の模範演武を行い、多くの喝采を浴びた。弟子たちは地域柄もあり、とてもガッツがあったという。気性が荒い港町の若者たちだ。榎枝もまだ三〇歳と若くて体力があり、よりハードな稽古を弟子たちに課すようになった。彼らもそれに必死でくらいついていった。武道の精神と礼儀を教え、長髪の弟子は全員髪を短く切らせたのは語り草になっている。

そして同年、黒帯（JKA初段）が愛弟子アンドリュー・シェリーとジョー・チャールトンの二人に榎枝師範から直接与えられた（巻頭写真）。しかし、当時の空手人気はまだまだメジャーではなく、弟子も思うように集まらない。日本からの経済的支援も決して豊かではなく、榎枝は休日も取らずにイギリス全土に指導に出かけるようになった。指導体制が一段落すれば、彼は一〜二年後には本当に帰国するつもりでいたのだ。

日本流に教える、俺流に鍛える

榎枝は野外での稽古が好きだった。私も冷んやりと寒いイギリスの郊外が牧歌的で好きだった。イギリスはほぼ年中寒いので、彼は晴れた日には「みな、外へ」と誘い出し、芝生の上で心地よく指導した。

リバプール市街地南部のセフトンパークでの指導風景が映像で残っている。セフトンパークは、あのビートルズのジョン・レノンの生家や「ストロベリーフィールズ」にほど近い場所にある。当時、彼らはまだ時折帰省していたはずだ。公園での稽古のためか、みな、空手着ではなくお揃いの白いTシャツと青いトレーニングパンツを着ている。一九六七年〜六九年ごろの貴重な記録である。

彼らは朝七時からこの緑深い木立のオープンスペースの中、芝生の上で弟子たちと伸び伸びと空手の稽古をしている。じつに清々《すがすが》しい映像だ。やはり天候に恵まれれば、スポーツは野外に限る。榎枝はつねづね、「世界中のどこで教えようとも日本流に教える」と語っているように、次々と力強い技を大きな気合で弟子たちに教えている。それに、日本の一般的な道場の教え方より、実戦的な印象を受ける。

至近距離での中段逆つきの応酬《おうしゅう》や、クルリと相手の後ろ側に回っての上段肘《ひじ》打ちなど、指導内容にバリエーションがある。教える技のユニークさも榎枝人気の一要素で、これは大胆な技を好みやすい外国人向けのくふうであろう。動画でのイギリス人の弟子たちの真剣な表情から、彼の指導方式がすでにしっかりと軌道に乗っていることが見てとれる。

伝説となった「SAMURAI道場」での特訓

元日本プロ野球を代表する強打者で、引退後は名打撃コーチになって名伯楽《はくらく》といわれた中西太は、「理論という能書きだけでは人は育たん。やっぱり情熱。選手と一緒に汗と涙を流せるかが大事」と語っている。

リバプールの「SAMURAI道場」の初期メンバーのなかには、その後師範になり、長年KUGBで榎枝を支えつづけたアンドリュー・シェリー、ボブ・ポイントン、テリー・オニール、ビル・クリステルらがいる。彼らの一部はもともと前任の金澤の弟子であったが、さらにアラン・スミスも一瞬で榎枝信者になったひとりだ。

若き師範である榎枝は、熱い情熱をもって、彼らに過酷な稽古の日々を課した。ビル・ゴールダーは、全員が一丸《いちがん》となって練習したすばらしい時代だったと振り返る。そして英国主任指導員である金澤がドイツへ異動となったため、主任指導員に昇格した榎枝は約一年間のリバプール滞在に別れを告げ、ロンドンに指導の主座を移すことになる。

リバプールからロンドンへ

ロンドン・ソーホー地区にイギリス総本部道場を開設

一九六八年、榎枝は指導の舞台をリバプールからロンドンへと移したが、リバプールにも弟子を残していたため、しばらくは、ロンドンとリバプールを頻繁《ひんぱん》に行き来した。

ロンドンでは最初マリルボーン地区のシーモーホールを仮道場とし、大会向けの強化練習はリバプールから選手を呼び寄せてリッチモンドパークなどで稽古した。平日はロンドンの武道会やブラックフライアー教会内の道場で指導し、週末は地方へ土日コースに出かけるという、ほぼ年中無休で空手を指導した。

やはり彼も、モーレッツに働く昭和の日本人である。そして一九七三年、ＫＵＧＢ総本部道場としてロンドン・ソーホー地区にマーシャル・ストリート道場を新たに開設した。少しわかりにくいが、同道場はＪＫＡのイギリス支部道場でもあるのだ。

一九六〇年代から世界の若者文化の最先端はロンドンのソーホー地区で、カーナビー・ストリートには世界中からツーリストが押し寄せた。とくに六〇～七〇年代はビートルズやローリング・ストーンズもソーホーにスタジオをもっていて、当時流行したサイケデリックなモダン・アート・カルチャーが昼夜を問わず沸騰していた。

同地区のチャイナタウンも世界的に有名で、私もイギリス留学時代や出張時にはよく足を運んだ。日本の中華料理店と味わいがやや異なってカジュアルで、香港返還前は香港からの料理人による本場の中華が食べられた。

ロンドン、ビッグベンの前で　堂々と正拳を披露する榎枝。伝統国イギリスが似合う正統派の空手家だ。1971年

時に混同されるのがマーシャル・ストリートとマーシャル・アーツだが、じつは両者は無関係だ。マーシャル・アーツとは日本語の「武道、武術、武芸」の英訳とされ、柔道や空手・カンフーなどの東洋の格闘技のことを指す。当時の西洋社会ではアジアの武術に興味津々《しんしん》で、

KUGB 本部道場ビル　マーシャルストリート道場が入っていた歴史的ビル。

マーシャル・アーツ人気が急速に高まり出していた。柔道がオリンピック競技に採用されたのが一九六四年であるから、武道の国際化という大きな波は空手に対してもやってきた。

マーシャル・ストリート道場の近くには、ビートルズがビルの屋上で最後の公開演奏、いわゆるルーフトップ・ライブを行った旧アップル・レコード社のビルもあり、私も留学時に訪れて、当時の見物人のようにビルに面する通りからルーフトップを見上げた。その通りは、背広の語源となったといわれる高級紳士服店が並ぶセヴィルロー・ストリートだ。

エノエダがとてつもなく大声で発する号令や〝モア　スピリッツ！〟（もっと気合いを）という掛け声はマーシャル・ストリート全体に響き渡っていたという。

空前のカラテ・ブームにごった返すマーシャル・ストリート道場

榎枝にとって、マーシャル・ストリート本部道場の開設は空手ビジネス的にも絶妙のタイミングだったといえる。同道場は通称、松濤館《しょうとうかん》空手センター（ＳＫＣ）と呼ばれたが、彼は亡く

マーシャルストリート道場　日本流に正座をさせて指導する榎枝師範。
『Keinosuke Enoeda：Tiger of Shotokan Karate』より

なるまでイギリス空手界の実質的なトップを務めたので、そこは「エノエダ道場」であった。

道場の受付はビルの最上階にあったが、歴史あるビルのためエレベーターがなく、長い階段を昇り降りしないといけなかった。古い建物を大事に使うイギリスでは、五階程度のビルでは、エレベーターが設置されていないことが多い。

そして幸運なことに、一九七三年からの世界的なブルース・リー映画の大ヒットによって空前のマーシャル・アーツ・ブームが起こり、週末になるとSKCにいたる一〇〇段ほどの長い階段には、多いときは数千人の見学や入門希望者が世界中から殺到したのだ。このような現象は、なぜ空手の母国日本で報道されなかったのであろうか。予想外のビッグプレゼントをいただいた榎枝は、一九八一年にはイギリスの三九〇か所の道場に二万五〇〇〇人の生徒を有する空手組織KUGBの最高師範となったのである。


エノエダ人気の秘密は?


ブルース・リー効果で多くの中国人生徒もソーホー地区からSKCに通った。ロンドン近郊のみならず、英国内外から空手家がビジターとして稽古にやってきた。SKCへの注目は西洋社会全体に及んだのである。

榎枝を中心にKUGBも組織化され、ヨーロッパ諸国へのホリディ合宿やクリスマスパーティーも行われるようになった。クリスマスパーティーの初期はＳＫＣ道場で行っていたが、榎枝夫妻が招待する形でしだいに有名ホテルや上級レストランで華やかに開催されるようになり、二人は道場の関係者や指導員たちの協力と努力を心からねぎらった。

カラオケ・バーへの二次会は必須イベントとなり、和洋折衷の歌の熱唱大会となった。ちな

ロンドンでの模範演武　本拠地マーシャル・ストリート道場で豪快な模範演武をする榎枝師範。技を受けているのは、アシスタントの冨田指導員。

みに、榎枝の十八番は一九六六年に南アフリカで指導する際に英語学習のために覚えた、映画『慕情』（一九五五年）の主題歌だった。いまでもこの曲が流れると、イギリスの弟子たちは涙ぐむ。

しかし、二〇〇〇年九月二九日、ビルの老朽化にともなう大規模補修工事のため、ＳＫＣはほぼ三〇年間のすばらしい思い出を残したまま、惜しまれて閉鎖された。ＫＵＧＢ本部はただちに、市内のホルボーンとケンジントンの場所を借りて稽古をつづけることになる。

ロンドン、雪の日の特訓

榎枝は世界中から空手の指導に招かれたが、どこの道場でも決して妥協をしなかった。自分にはこれしかないといった信念で、時にはフレンドリーな笑顔を絶やさずに日本流のハードな指導に徹した。

あるイギリス人の弟子は、雪の日の思い出を語る。ロンドンでは雪が降るのはめずらしいが、雪が降ったある稽古日、数名の熱心な弟子たちが榎枝の部下の太田《おおた》欣信《よしのぶ》指導員のクラスで稽古をしていた。そこに榎枝が「自分の指導クラスには雪でだれも来ない」という理由で突然現れ、太田に代わって指導をはじめた。そこにいた弟子たちはよりハードな稽古になることをとても恐れ、案の定、それまでもっとも長くてきつい稽古になったという。

榎枝はまだ若いころ、大学と研修所時代の猛烈な稽古の実体験から、もうこれ以上肉体的に無理だと感じても、逃げずに気合を入れ直してやりつづけることで、技の達成度が大きく進展することを体感していた。それを外国でも体験させたいという一心で、世界中の弟子たちに指導した。

実際にその達成感を身につけたものが、外国での上級指導員、そして師範に成長していったのである。榎枝の意を受け継ぎ、太田（七段）は現在ＪＫＡ英国支部のトップを務めている。

００７映画でショーン・コネリーと対決

『インディ・ジョーンズ』などのアメリカのハリウッド映画が全盛時代を迎える前は、イギリスの００７シリーズが世界でもっとも人気のあるハードボイルドだった。じつは榎枝が二本の００７映画に出演していることを知っている日本人は、関係者以外ではほとんどいない。同郷の空手家であった私自身も耳にしたことがなかった。彼が出演したのは、彼の映画での役回りと無縁ではない。この二つの出演作は『００７は二度死ぬ』（一九六七）と『００７ダイヤモンドは永遠に』（一九七一）だ。

『００７は二度死ぬ』は、００７シリーズの最高傑作といわれる。本編で有名な日本ロケには、丹波哲郎や浜美枝らの俳優に加えて、多くの日本の武道家が集められた。上述したように、海外での柔道・空手人気はウナギ上りだったからだ。『００７ダイヤモンドは永遠に』では、残念ながら榎枝の役割は、映画の冒頭に出てくるジェームス・ボンド（配役はショーン・コネリー）との闘いで投げ飛ばされる悪役の仕事だったのだ。帰国時に映画出演のことをあまり語らなかったのは、その役柄のせいであろう。

彼の多くのヨーロッパの弟子たちは、たとえ映画であっても、師範が負けるシーンは見たくないと、いまでも語る。弟子のひとりで作家のロッド・バトラーは、「彼を倒したのはショーン・コネリーだけだろう」とイギリス人らしいユーモアを込めてコメントしている。このころの榎枝は世界一強い空手家だったのではないか、と私自身も思っている。

格闘シーンを教えたら世界一

榎枝が一九七二年に上梓《じょうし》した『KARATE DEFFENCE and ATTACK』は、当時の爆発的な空手人気を背景に、護身的格闘術としての空手を最大限に表現した教本である。数多くの連続写真が掲載されているので非常に分かりやすく、彼の正当なる空手の技のすばらしさが伝わってくる。

これを見ると、当時、映画での格闘シーンを指導させたら榎枝が世界一と称されたのが手に取るようにわかるグラフィックスである。彼が見せる腰の位置を低く構えた松濤館流の正拳突きは、腰が十分に回ることによって突きが大きく伸び、空手の美しさを感じる。

榎枝は、007映画主演のショーン・コネリーがジェームス・ボンドでありつづける間、絶えずプライベートレッスンを行った。

世界一有名なアクション俳優であるショーン・コネリーに対するマンツーマンの空手指導は、当時のイギリスではよく知られた話だ。

それ以外にも、名優マイケル・ケイン、名画『荒鷲の要塞』の女優イングリッド・ピット、アメリカのリー・マーヴィン、『ピンク・パンサー』シリーズで有名になったピーター・セラーズ、『遠すぎた橋』のエドワード・フォックスらに格闘シーンの指導を行った。

榎枝の空手教本　榎枝がイギリスで上梓した空手の教本(1972年刊)。護身的格闘術としての空手が見事に披露されている。

とくに当時美貌のアクション女優イングリッド・ピットは、何年にもわたって榎枝が主催するクリスタルパレスでの空手合宿に参加するほど熱を上げた。

当時のマーシャル・ストリート

道場のレセプションには、榎枝が俳優たちやマーガレット・サッチャー元首相と並んで撮った写真が飾られていた。

とくにマイケル・ケインと榎枝は気が合って、自宅で空手を指導するかたわら友人として親しく付き合っていた。

イングリッド・ピット 1968年、『荒鷲の要塞』でデビューした。毎年、榎枝合宿に参加していた。

金澤師範の試し割りに驚く リー・マーヴィンとジョン・カサヴェテス、エドワード・フォックスら。彼らは名作『特攻大作戦(1967)』のイギリスでの撮影時に空手道場を訪れた。

「エノエダは空手を世界に連れて行った」——イギリスBBC放送

一九七三年、イギリス公共国営放送BBCは、榎枝主導のもと、生放送ではじめて本格的に空手の演武を放映した。一九六六年に想定外の試し割りを要請された番組と同じ「オープンドア・シリーズ」である。この公開生放送番組は長寿番組で、当時ほとんどのイギリス国民がこれを見ていたといわれる。

ここで榎枝は、精神を集中して無心で演技することによって、空手のダイナミックさを十分に見せつけることに成功した。テレビモニターも振動するのではないかと思われるほど、彼の気合いとパワーがオンタイムでイギリス全土に遺憾なく伝達された。

基本技と形に加えて、複数の相手との組み手や白刃取りなど実戦的な空手を披露、さらに弟子の猛者デイブ・ハザードに例の板割りをさせて、空手が系統だった武道であることを証明したのだ。これを撮影したＢＢＣの副カメラマンはその後、「エノエダは空手を世界に連れて行った」と最大限の賛辞を送っている。

私も二〇〇〇年春から二年間のイギリス滞在時には毎日、ＢＢＣ放送を見ていたが、ラジオかテレビしかない当時の公共テレビ放送の反響は、かなりのものだったであろう。少し飛躍的にいえば、このライブ放送の成功が、空手をオリンピックへと向かわせる起点のひとつとなったのは間違いない。イギリスでの反響はヨーロッパ全体に影響を及ぼすからである。

世界最大の部員数ケンブリッジ大学空手部を指導

二〇〇〇年にイギリスのケンブリッジ大学に研究留学した四〇歳の私は、世界的に有名な大学の町にいるのだからと、二〇歳ほど若返った気持ちになって、大学の学生サークルにでも飛び込もうかとホームページを閲覧していた。

すると、ケンブリッジ大学にカラテクラブ（CUKC）があることに気づいた。いったいだれが空手を教えているのだろうかと、サイトを検索すると、総監督はプレジデント・エノエダと書いてあるではないか。

さらに彼は、ケンブリッジ大学と並んで有名なオックスフォード大学でも長年指導していることがわかった。早速、学生にメールで私の自己紹介をして榎枝先生との縁を伝えたら、彼の自宅の住所を教えてくれた。

彼の住まいはロンドン郊外ウィンブルドン近くのサリー州キングストンであった。いちどお会いしたいと手紙を書いたが、いつまで経っても返事がこなかった。すでに体調があまり良くなかったと、あとで聞いた。

ケンブリッジ大学の学生サークルには、柔道、剣道もあり、イギリスでの日本武道の人気の高さに改めて感心した。二〇二三年現在、同大学の学生スポーツには六五のクラブがあるが、そのうち日本の武道は空手、柔術、柔道、剣道、合気道そしてキックボクシング（キックボクシングは一九六六年、空手ボクシングとして日本で誕生）の六種も存在する。日本以外の格技ではカンフーとテッコンドーのみなので、イギリスでの日本の武道に対する根強い人気がよくわかる。元来、イギリスのインテリは、身を守るための護身術に興味を示してきた歴史がある。

　さらに驚いたのは、榎枝を最高師範とするケンブリッジ大学空手部は、八〇年代から榎枝が亡くなるまで、多いときで二〇〇名以上の部員がいたということだ。

ロンドンの自宅前で　ロンドン郊外キングストンの自宅へ入る門の前に立つ榎枝。

　これは日本のどの大学の空手道部員の数より多いのではないか、と榎枝自身がテレビインタビューで語っている。おそらく世界一の部員数だったということに、同大学にいた私も驚きを隠せない。

　日本のテレビ番組のインタビューで同大学医学部の女子学生空手部員は、「空手の哲学に惹《ひ》かれた。身体の動きに精神的パワーを与えることに興味がある。榎枝先生は素晴らしい。イギリスではすでに失われたものをもっている人」と答えている。

　すでに失われたものとは、騎士道精神のことであろうか。

名門校イートンで空手ができる

欧州での熱狂的な空手ブームもあり、一九八〇～九〇年代、イギリスの名門校イートン（一四四〇年創立の全寮制男子中高）は、日本の武道である空手を騎士道精神に通じるとして高く評価した。そして空手は一九八八年度より数年間、体育の正課授業として採用されたのである。

当時のイートン校のマスター（学長）であったマイク・タウンが大のエノエダ・ファンだったこともその理由のひとつだ。彼は若いころ、スコットランドのスコティッシュ・レスリングで優勝した経験があり、武道に強い興味をもっていたからだ。

イートン校の校章　イートン校は、1440年に国王ヘンリー6世によって設立された名門寄宿制男子校。

それに関するおもしろいエピソードとして、一九八〇年代のイートン校の学生のなかに初段を取るまで空手に励んだネパールの王子がいた。榎枝先生を大変尊敬していて、ネパールに国賓的待遇で招待することになっていたが、同国の王族内のゴタゴタで立ち消えになったという。

榎枝は生前、ケンブリッジ大学やイートン校について、「伝統ある学校では年月の積み重ねでしだいに部員数が増えていった。私が指導する空手が、イギリスのエリートのメンタリティと合っていることを自負している」と語っている。彼は伝統あるイギリス社会のあらゆる層にわたって空手が受け入れられていることに、よほどの手ごたえを感じていたのであろう。

かたや空手発祥の地である日本の中高では、現在、空手を必修体育とする学校は果たしていくつあるのだろうか、という問いが私の頭をよぎる。

COLUMN

大学の町ケンブリッジで出会った日本代表ラガーマン

二〇〇〇年の春、私はイギリス南東部にある世界トップクラスの大学の町ケンブリッジに家族とともに住みはじめた。私がここに来た目的は、医学部の講師として最先端の「がん研究」をするためである。春なのに真冬みたいに寒く、イギリスのどんよりとした曇り空を毎日見上げながら、この異国の地でしかできないことはないだろうかと思案していた。

子どもたちは現地の小学校と幼稚園にポンと放り込んだが、予想以上に早く溶け込み、友だちと公園で走り回っている。私のほうは、ゴルフ発祥の国イギリスに長期滞在するわけだから、休日は大学の同僚とゴルフ三昧《ざんまい》かなと期待しつつゴルフバッグをかついできたわけだが、いや、ケンブリッジの人たちはとてもクールだった。

アメリカ人と違ってイギリス人は予想以上にシャイであり、お互いに干渉しない。とくに世界有数の大学の町ケンブリッジは、自意識の強い人が多いという話だから、なおさらだ。仕方なく現地の日本人同士で月一回のゴルフを楽しんでいたのだが、なにか物足りないし国際的ではない。私は現地に溶け込んでいないという一種の孤独感

COLUMN

COLUMN

に悩んでいた。

そのようなときに、ケンブリッジやオックスフォード大学で有名なカレッジ・ディナーに誘われた。

そこでは伝統と進取の精神を感じるオープンなディナーに喜んだが、そこでケンブリッジ大学のセントエドモンズ・カレッジ大学院に留学中のラガーマン岩淵健輔《いわぶちけんすけ》氏(元ラグビー日本代表スタンド・オフ)に偶然出会った。

ケム川の川下り　ケンブリッジ大学近くを流れるケム川の有名なパント（川下り）。榎枝ファミリーも弟子たちと何度か訪れた。

彼は前年にワールドカップに出場したあと、渡英してケンブリッジ大学でも代表選手を務めていた。彼は誇り高い水色のケンブリッジカラーの代表ジャケットを身に付けていた。

私は彼と二次会で武道やスポーツについて語り合った。私が、空手は「間」が大事だと力説すると、彼はラグビーのステップも同じで、自分もそれを大事にしていると返答してくれた。彼は現在、日本ラグビー協会の専務理事を務めている。

COLUMN

気合いとパワー

イギリスでの指導スピリット

榎枝は海外のどの国でも、日本的かつ榎枝流の指導方式を変えなかった。それは、「精神力をともなった力強い空手」だ。多くの海外の弟子たちが、彼の特徴として気合いとパワーをあげている。

空手動画をネット検索すれば、いまでも当時の榎枝の熱い指導ぶりが閲覧できる（ＪＫＡの海外ドキュメンタリーほか多種）。そのなかで彼は、「空手の指導者たるものはつねに上を行く鍛錬が必要で、つねづね人に見せない隠れ稽古も行っている」と語っている。東洋人より明らかに身体が大きく、かつ攻撃的で言葉が通じにくい外国人相手の指導が、いかに大変であるかが、このコメントからうかがえる。

ある日本からの取材動画は古くて見えないところもあるが（一九七一年）、ロンドンの本部道場以外に市内のブラックフライアー教会内の小さな道場で指導するシーンが流れる。ブラックフライアーはロンドン橋の西寄り、チャールズ皇太子（当時）とダイアナ妃が結婚式を挙げたセントポール寺院南側のテムズ河畔にある。その道場に掲げられている道場訓には、「空手道の練磨を通して人間の完成を信条とする」と、彼の自筆の日本語で書かれている。

取材動画のナレーションは、「この道場の弟子数は約八〇人で、その熱心さは日本の道場に引けを取らない。彼は弟子のだれよりも大きい声を出し、いずれ世界大会で日本を倒し世界一になる。それが自分を育ててくれた日本への恩返しだと言っている」と語る。

エノエダ時代の到来

イギリスに渡って約五年が経過した一九七一年、榎枝は全英に一〇〇か所以上の道場（稽古場）と八〇〇〇人以上の弟子を抱えるようになっていた。その最盛期には、イギリスのどの町にも二つ以上の活況ある空手道場が設立され、その動きは世界中に広がった。その最大の要因は榎枝のわかりやすいダイナミックな空手スタイルと、彼のカリスマ的人間性にあった、とかつての弟子・バトラーは語る。

予想以上の反響から、全英のみならず世界中から指導の依頼が舞い込み、彼は世界を駆け巡るように指導を行うようになった。同年には前任の金澤の帰国と同時に全欧州トップの師範代となった。まさにマスター・エノエダ時代の到来である。妻の礼子さんは、「新婚当初から夫は週の半分は自宅には帰らず、寂しくてホームシックになった。夫はいつも世界のどこかで指導していた」と語っている。

日本の高度経済成長期とはいえ、これほどまで世界中を駆け巡るビジネスマンもそう多くはない。まして、空手の実地的、実戦的指導はかなりの体力と精神力を要する。世界一忙しい空手家だったことは間違いない。

アフリカのガボン共和国からは、熱烈な歓迎を受け何度も訪れた。榎枝らの貢献によりガボン空手連盟が設立され、現在ガボンでは二〇〇〇人以上の空手愛好家がいて、日本大使杯空手大会が毎年開かれている。これも榎枝遺産の一つである。

ENOEDA CUPのポスター
2019年にポーランドで開催されたENOEDA CUPのポスター。

英国気質に戸惑う

榎枝は、道場とはまったく異なる比較的高いトーンの柔らかな口調で、イギリス人は、はじめは理屈っぽいのでたいへん戸惑った（いわゆる英国人気質）。日本みたいに、ある程度教えたらあとは自分でというやり方はまったく通用しない。何かといえばすぐWhy, Why, Why（なぜ、なぜ、なぜ）と聞いてくる。だから、あらゆる面から説明しないと納得してくれない。ただ「蹴りはこのように蹴りなさい、練習していればそのうち上達してきて威力が出てくる」という教え方は、こちらではダメ。なぜこういう蹴り方をすると威力が出てくるのかということをいちいち説明しないといけない。最初からそんな感じなので教える方も勉強になるというか、自宅で昔の文献などを読み直したということですね（苦笑しながら）。

しかし、本当に理屈っぽいけど一度理解しだすと我々の世界にドーンと入ってきますね。そして、女性には空手は全身運動なので健康になる。私はあなたに必ず約束する。空手をやりつづけると、きっとあなたは美人になると言って教えている。そうすれば若さを保てる、それは私自身信じていることだ。

と笑顔で語る（一九七一年）。

練習日は弟子たちとともにみっちり三時間稽古し、榎枝はいつもくたくたになるという。このVTRから見えてくるのは、若き海外指導員の強い信念と情熱、弟子たちとともに稽古する絶え間ない努力、そして外国に身を置く上での柔軟性ではないだろうか。榎枝は弟子の長所を引き出すことをつねに考えていた。

榎枝の空手に西洋哲学の要素を吹き込んでくれたのは、彼に最後までついていったイギリスの愛弟子たちかもしれない。

イギリス人の心をつかんだ「気合い」

リバプールのレッド・トライアングル道場の初期メンバーで、その後最後まで榎枝の右腕となったアンドリュー・シェリーが当時を思い出す。

榎枝の上段蹴り　『Martial Arts』（1985）の表紙を飾った榎枝の完璧な上段蹴り。

榎枝先生の教え方は、前任の金澤先生とはかなり違っていた。金澤先生はさほど実戦的な指導方針ではなかったが、榎枝先生は軍隊的というか、情熱的でハードな実戦的スタイルだった。だから、我々弟子たちは鼻や踵《かかと》などつねにどこかを怪我《けが》していた。

彼は“More Spirit!”（もっと気合い入れろ）と叫ぶのが常で、多くの弟子がその気迫に圧倒され、吸い込まれるように彼についていった。

世界一の情熱とゆるぎなき自信――オレがやる通りにやれ！

さらにマスター榎枝は、「（頭であれこれ考えずに）俺がやる技をその通りにやれ！」とよく声高《こわだか》に叫んでいた。空手の技の理屈を解説したうえで技の習得を即時的に求める指導方針は、実質主義のイギリス人気質との相性もよかった。

それにもまして、イギリスに渡っても休むことなく毎日三時間以上稽古してきた彼の空手の技は、世界トップクラスの力を維持していたのだ。

多くの外国の生徒が、「榎枝先生はほかの先生とは違う特別な先生だった」といまでも語っているのは、そのような理由からだろう。当時を知るレイトンは、「金澤先生はほぼ完全なテクニックと最上級の自由演武の持ち主であるのに対し、榎枝先生は気合いとパワーがとにかくすごかった」と語っている。

精神力と力強さを大事にするシンプルな榎枝空手は、伝統的な騎士道精神、さらには弱肉強食の西洋人に合致した。口には出さなくても、「俺が世界一の情熱をもった空手家だ！」という自負を胸にしまっていたことは間違いない。

イギリスの人気テレビ番組で想定外の試し割り

一九六六年、榎枝はメディア関係の弟子から依頼されて、はじめてイギリスのテレビ番組で空手の模範演武をすることになる。その番組は当時大変人気で、イギリス国民がみな視聴しているといわれていたＢＢＣの〝The Open Door〟というスタジオ生中継の番組であった。

試し割りなどはせずに形の演武だけを披露するという口約束だったが、当日スタジオに入ってみたら、打ち合わせと状況がガラッと変わっていた。というのは、試し割りの約束をした別の流派の空手家が予定時間になっても来なかったのだ。

そして困った番組のディレクターから、これでは生放送はできないので代わりにこの板を割ってくれ、と強行に頼まれた。生放送なので、局の方も逃げ場がない。

榎枝は、話が違うと断った。しかし、「約束事項だ」と局の担当者も首を振らない。おまけに差し出された板は厚さ三インチ（七・五センチ）以上ある木目のないビーチウッドだ。ビーチウッドとは家具などに使われる非常に堅いブナ材（アフリカ産）である。彼はその厚い板を見た瞬間、これは絶対に割れない、無理だと思った。

だが、アナウンサーは木をオノで叩きながら「オノでも割れないモノを割れると言うなんてカラテはインチキだ！」と言いはじめた。

榎枝は、こんなことは邪道で本当の空手を見せると言ったが、アナウンサーは「これを割ったら、あなたのいうことを信用してなんでもやらせる」と取り合わない。
結局、清水《きよみず》の舞台から飛び降りる覚悟で彼は試し割りの準備に入った。

サムライ、運命の分かれ道

榎枝は、この分厚い板を割るには「正拳突き」しかないと考えた。右手の拳が粉々に砕けるかもしれないという思いが頭をかけ巡り、この試し割りが失敗したら日本の空手道に泥を塗ってしまう。この板が割れなければ、その日の内に荷物をまとめてイギリスを去り、日本に帰ろうと決意した。

そして呼吸を整え、斜めに立てかけた板に「伝家の宝刀」を抜いて全身全霊、虎の気合いで振り下ろした。すると、分厚い板がみごとに真っ二つに割れ、周りから大きなどよめきと歓声が上がった。

空手の正拳突きはボクシングのストレートと違って、脇腹から捻《ひね》りながら突き出す、つまり「らせん運動」を描くことで、見た目よりはるかに破壊力があることが科学的にも証明されている。

この映像はイギリス全土で生放映され、榎枝は一躍有名人、イギリスの青少年たちの憧れの的になったのである。

榎枝はその後の取材で、「あの試し割りは幸運だった。もし割れなかったら、私の拳が砕けて再起不能だった。木や瓦を割ることは邪道だけれど、人間が鍛えればこれだけの力がつくと説明しないと、合理主義、実証主義の外国人は信用しない」と語っている。

武士は臆病《おくびょう》だとか卑怯《ひきょう》だとかの評判が立てば、腹を切らなければならない。後日、榎枝は、「日本の空手道の名誉のためにしりぞくことはできなかった」と、まるで武士のように語っている。

第六章

空手を世界に連れて行く

アメリカへ

タイガー、ニューヨークに向かう

力強くダイナミックで正統なる空手の指導をする榎枝《えのえだ》には、多くの国からラブコールがあった。なかでも拓大空手道部の先輩である米国JKA本部指導員の西山や岡崎・森からは頻繁に声がかかり、イギリスに腰を落ち着ける前の一九六六～六七年には、米国に長期滞在して指導した。

ニューヨーク支部は一九六五年に設立したばかりで、彼らも米国での空手の普及に情熱の炎を燃やしていたのだ。とくにフィラデルフィアとニューヨークの道場では、まだ若き榎枝に実戦的指導を託された。米国人はすぐに結果を求めたがる傾向があり、できる、できないにかかわらず、高度な技を早く習得したいという強い欲がある。

野外練習でも大きな気合いで圧倒する榎枝のサムライ的指導と、創意工夫されたダイナミックな練習法は、米国でも高い人気を得た。
世界中で指導してきた榎枝は、その国のお国柄や民族性というのも理解し、指導法を適合していったのであろう。まさに「空手大使」の面目躍如《めんもくやくじょ》である。

全米空手王者とのスパーリング

一九六六年、全米空手道選手権（伝統派空手）の直前のことだ。榎枝はニューヨーク支部道場で西山師範から、前年の覇者であるフランク・スミスの自由組手稽古（フリースパーリング）の相手を頼まれた。それは、スミスが受ける昇段試験でもあったのだ。榎枝もまだ三〇歳と若く、海外での武者修行で一段と迫力が増していたころだ。そのスパーリングを見ていたペルー出身の弟子オルティズは、そのときの光景をいまに伝える。

榎枝先生は道場の入り口で待っているときにすでに虎の様相をしていて近寄りがたかった。これが"Tiger of Karate"なのだと感じた。そして、いざフランクとのスパーリングがはじまったと思ったら、私の目に止まらぬ動きで何か白いぼんやりとしたものが上がって下がった。よく見ると、床にフランク・スミスがひざまずいて顔をゆがめて顎《あご》を押さえていた。その横には当惑した榎枝先生が呆然《ぼうぜん》と立っていた。

全米空手王者に組手指導
マスター榎枝が稽古をつけたフランク・スミス（右）。

おそらく、全米王者フランク・スミスは榎枝の出会い頭の速射砲のような上段突きによって身体がいったん宙に浮き、そして沈んで床に膝《ひざ》をついたのだろう。顎《あご》の骨が折れたのかもしれない。まさに猛虎の一撃である。

後日、榎枝は、あのスパーリングでは自分をコントロールできなかったことを恥じたと語っている。たしかに「寸止め」不足だったことは確実だ。フランクにとっても、十分な組手練習にならなかったことは残念だったはずだ。しかし、心根の優しい彼のことだから、おそらくパンチを受けたフランクへのフォローは決して忘れなかったであろう。

そして、ニューヨークに渡ったタイガーは、檻《おり》に入ると一変する。稽古が終わって打ち上げのパブでは、同僚と大きな声でにぎやかに談笑する彼の姿がそこにあった。若き虎・榎枝は、実質的に世界一の空手家だったのではないだろうか。

隙を見せるな！

今回の執筆にあたり、一九七〇年代当時の弟子だったイギリスのニック・ブラウンが、私の

「当時の道場の雰囲気は？」という質問に、ＳＮＳでこう答えてくれた。「エノエダ センセイがマーシャル・ストリート道場（ＳＫＣ）に現れると、道場の雰囲気が一変したことはよく覚えている」。この緊張感は、私が小学生のころに榎枝氏が父の道場に現れたときの感覚と一緒だ。彼の鋭い眼差しと威厳あるたたずまい、そして軽いスマイルは、いまでも私の脳裏に焼き付いている。

ＪＫＡ本部がイギリス取材した映像（一九七一）の中で、榎枝は、「たとえ稽古であっても、一回たりとも弟子から技を当てられてはいけない」と熱っぽく語る。彼は、まるで彼の先祖である武士のように、空手家としての威厳と誇りを大事にした。そして、身体が大きくパワーがあり言葉も通じない外国人相手という不利な条件のなか、とにかく隙《すき》を見せないことに集中し、全身全霊で向かい合ったのだ。

人間同士の格闘では、たとえ相手が素人でも油断すれば不測の攻撃を受けて床に倒れ込むこともゼロではないからだ。これこそまさに「武《ぶ》の九州男児」「空手界の虎（タイガー）」たる所以《ゆえん》である。

道場破りと武勇伝

見せた「武士の情け」

柔道では創始者の嘉納治五郎《かのうじごろう》が、明治二二年（一八八九）欧州教育視察の途、レスラーを投げ飛ばして外人に驚嘆の声をあげさせた話は有名である。

昭和四〇年代、小学生の私も父の道場で稽古していた際に、二、三度、部外者が闖入《ちんにゅう》してきたことがあった。道場というのは本来修行の場であり、禅寺のように門戸を開け、来るものを拒まずという形にしているからだ。闖入者の多くは冷やかし半分の酔っぱらいであったが、なかには、「俺と喧嘩をやろう」「道場長と戦わせろ」と言ってくる輩《やから》もいた。

道場に上げると、くどくて困ってしまうのだが、そういう場合は諍《あらそ》いにならないように、まず相手に予備の道着《どうぎ》を着けさせる。そして、腰を低くした基本稽古をつけると、だいたい、彼らは身体が硬くて股《また》が十分に割れないため、体が思うように動かせずに根をあげて退散する。

現在は不法侵入者に対しては警察を呼べば終わりの話であるが、最後には笑って終われた古き良き時代が懐かしい今日このごろである。

私はイギリス滞在中の二〇〇〇年ごろから、イギリスでの榎枝の実像を追い求めてきた。日本語と英語という対極的な言語の違いは、私も身をもって体験して苦労した。英会話に自信がある日本人でも、その多くはアメリカン・アクセントに慣れた耳であり、本家イギリス英語の発音や言い回しは耳慣れないのだ。

言葉の問題以上に、元空手家の私には、日本人より身体が大きくて合理主義・現実主義、ある者は白人優位主義のアングロサクソンの男たちに対して、榎枝はどのように空手を指導してきたのだろうか、という素朴な疑問があった。

私がイギリス滞在時に耳にした、当時のマーシャル・アーツ系道場破りに関する榎枝氏のエピソードがある。当時のイギリスの空手道場では日本人以外のアジア人などが、カンフーや空手の先生を自認し小さな練習場で教えていた。カンフーでは指導者はいたが、教室のようなものだけで本格的な道場はなかったという。

そのようなマーシャル・アーツの教室に荒くれ者の道場破りが闖入してくると、面倒になることを避け、指導員の多くは裏口からこっそり逃げ帰っていたという。武道家としては情けない話ではある。ただ、実際に当時のカンフーは実際の公式試合などは確立しておらず、突然のカンフーブームによる実力のともなわない粗製濫造《そせいらんぞう》の練習場が多かったようだ。これまでよく言われてきたのは、「ブルース・リーはあくまでもカンフー映画スターである」ということだ。

実際に、榎枝にもいくつかの武勇伝がある。彼はロンドンでＳＫＣ道場を開いてから、場所が繁華街であるがために何度か闖入者が冷やかしにやってきた。いわゆる道場破りであるが、彼はそれらをことごとく空手で撃退したという。

最初の例は、いかにも強そうな空手経験者の男で、マスター榎枝に対決を挑んできた。榎枝は冷静に対応し、まず基本技の稽古を一緒にしてから自由組手（フリースパーリング）をしようと言葉を返した。最後の基本組手の稽古になったとき、その男はイライラして榎枝に上段突きを当てようとしてきた。その瞬間、気配を察して軽く出した榎枝の中段前蹴りにもんどり打ち、床に倒れて胃のあたりを押さえて泣き崩れたという。

もちろん、その後に彼をベンチに寝させて介抱《かいほう》し、回復した後に帰したのは言うまでもない。介抱したのは「武士の情け」であろうし、榎枝は闖入した空手家の基本技の実力を見抜いて、対応策を考えていたのであろう。

ほかにはボクサーの道場破りがいて、またしても彼に戦いを挑んできた。榎枝はボクサーには空手の稽古は無理だと判断し、仕方なくその挑戦を紳士的な態度で受けた。そして相手ボクサーからのパンチで顔を腫《は》らせながらも、最後にはしっかりと相手を打ちのめしたという。

南アフリカで教えた道場破り対処法

一九七二年、榎枝先生の三度目の南アフリカ訪問には、家族も招待された。南アフリカはイギリスの旧植民地である。

滞在中のあるとき、同国空手界のトップで榎枝の長年の弟子であるスタン・シュミットに、ある支部道場から道場破りがきていて困っているという連絡が入った。受付の女性はすごく怖《こわ》いと震えている。スタンは練習後すでにシャワーを浴びていた榎枝にその対処法を相談した。榎枝は状況を確認後、即「スタン、蹴りだ。蹴りで撃退しろ！」と伝えた。

その言葉を胸にすっ飛んで行ったスタンは、しばらくして帰ってきた。そして榎枝に、「そのように対処してきた！」と笑顔で報告した。おそらく、この蹴りは闖入者への「指導上の蹴り」だったであろう。

記事にはしにくい空手家の武勇伝

古き良き昭和の時代、当時の若き空手家には数多くの武勇伝があるが、そのなかには、記事にはできない代物《しろもの》も多い。

昭和の時代、まだ法律がゆるやかだったころ、荒っぽい体育会系の学生や血気盛んな若き空手指導員たちは、夜の繁華街で若き血潮を噴出させたと聞く。つまり、実戦的な練習代わりに、いわゆるチンピラなどの不良や暴走族らと、新宿や池袋などの盛り場で派手にやり合ったことは巷《ちまた》ではよく知られている。

日々のきびしい空手の稽古の腕試しとストレス発散であったかもしれないが、元本部指導員で全日本を制覇したことがある阿部圭吾も、夜の繁華街でクロウト相手に実戦の稽古をしたと語っている。実際に彼は007シリーズの格闘シーンを実地指導しているので、路上での実力も相当なものであったのであろう。「昭和が懐かしい」エピソードである。

お互い素手の喧嘩では、段位をもつ若い空手家は絡まれてもまず負けることはないだろうが、相手には、喧嘩慣れしていたり、短刀や木刀を持っている輩《やから》もいる。それに対してどう戦うかは、まさに護身術としてはじまった空手の真骨頂《しんこっちょう》であろう。しかし、それが元で報復に会い、命を落とした若い武道家がいたのも事実だ。「君子危うきに近寄らず」は、武芸者にとっても永遠の教えであろう。

背筋が凍りそうな海外での武勇伝

C・W・ニコルの「私のニッポン武者修行」には、榎枝の大学空手道部の先輩で、元全日本覇者の金澤弘和《かなざわひろかず》の武勇伝がくわしく書かれている。金澤がハワイで指導を行っていたころ、巨漢のレスラーが空手教室にやってきて、彼に挑戦を申し出た。レスリング対空手という他流試合で、お互い殺されても文句なしという証文を取り付けて、いざ勝負となった。いかにもアメリカだ。

いざ本番、金澤は得意の一本拳《いっぽんけん》で相手の肋骨《ろっこつ》につづけざまに突きを見舞ったら、金澤の二倍以上体重がある相手は身体を折りかがめて苦しんだ。それを見て、「本気出したら心臓も胸からもぎ取られるぞ！」と警告し、戦いはジ・エンドになったという。

また、ハワイのあるレストランで、日本から来たカラテ家の噂《うわさ》を聞きつけた無法者が金澤に挑戦してきた。金澤は試合前のウォーミングアップだと言って、技を速射砲のように連発しただけで相手は退散したという。

さらに中東（アラブ）に行った指導員たちの武勇伝には想像を絶するものがあって、背筋が寒くなる。一九七〇年代にアラブで教えていたN氏は、レバノンのベイルートで乱暴な初心者をきびしく指導していたら、相手が更衣室からピストルを持ってきて撃たれそうになった。しかし、彼はひるむことなく相手に足払いをかけてひっくり返し、正座をさせて蹴飛ばして退散させた。数日後、その男はヨルダンの総理大臣を暗殺したプロのスナイパーだったことが判明、N氏は一瞬青ざめたという。

世界のエノエダへ

カラテに興味を示した若きシュワルツェネッガー

一九六〇年代後半、ヨーロッパの伝統国であるオーストリアでも、空手人気は急速に高まった。

一九六九年秋、同国の空手ユニオン・グラーツの会長となったアルフレッド・ギアステル氏は、金澤や榎枝らに要請して、同国でヨーロッパ大会を開催した。日本の上級指導員らの模範演武は大人気で、本大会は国のスポーツ省や教育機関が後援したこともあって、盛大な大会になった。

じつは会長のギアステルには、親代わりとして引き取っていた少年がいた。彼は空手道場の下の階のトレーニングジムでボディービルに精を出していたが、明らかに空手に興味を示していたことを金澤は覚えていたのだ。

その少年が、のちにカリフォルニア州知事を務めた俳優、アーノルド・シュワルツェネッガーである。彼は技を身につけることより、筋肉を身につけることを選んだのだ。

世界中からの指導依頼

榎枝はイギリス全土、欧州から米国、さらにアラブやアフリカまで精力的にまわって、日本の空手のすばらしさ、力強さを紹介しつづけた。イギリス以外に空手を教えに行った国は、アメリカ、カナダ、メキシコ、オランダ、ベルギー、ドイツ、スウェーデン、ノルウェー、フィンランド、アイルランド、フランス、イタリア、スペイン、ポルトガル、ギリシャ、ポーランド、ロシア、アルジェリア、ナイジェリア、マラウイ、バルバドス、ガボン、南アフリカ共和国、インドネシアなどで、世界中から指導の依頼がきた。書き落とした国もいくつかあるだろう。

オーストリアの大学都市グラーツ　若きアーノルド・シュワルツェネッガーがはじめて空手に興味を示した地。

ロンドンでの日常の道場運営のみならず、これらの官民含めた海外指導や、国内外のイベント設営と広告、JKA本部への指導員派遣要請やそれらの渡航・滞在の手配などは、裏方として日本人秘書のチエコ・バックがすべて行った。彼女なくして榎枝の空手人生は語れないと言っていいほど、最大の補佐役だったのだ。

世界一といわれたエノエダ・パンチ——全身全霊の空手プロパガンダ

海外での空手の指導のなかには、政府が公認した国際文化交流事業も数多く存在する。西洋人はおおむね現実主義者なので、海外で空手のすごさを紹介するもっとも手っ取り早いやり方のひとつは「試し割り」である。

一九七二年にJKA本部道場から榎枝の元に派遣された富田英男指導員は、榎枝の試し割りのすごさをこう語っている。

最初に驚いたのは、エノエダ・パンチといわれる、信じられないほどの破壊力がある鋭い突きです。当時、私は榎枝先生専属の指導助手として二人でイギリス各地を巡回しながら、演武や試し割り、稽古を行っていました。そのなかで榎枝先生は、要望に応《こた》える形でやや危険な試し割りも行いました。その試し割りは私がかつて見たことがないすごいものでした。彼は地面に大きく積み上げた屋根瓦を真上から突き下ろしました。すると大きな破壊音とともに、瓦のほぼ中央に貫通する大きな丸い穴ができました。穴ですよ、穴！ 通常は瓦が割れて小さい破片になって砕けるのですが、真ん中だけすっぽりと穴が貫通したのははじめて見ました！

本部指導員の富田が腰を抜かすほど驚いた瓦割りの極意《ごくい》を、榎枝は観衆の目の前でみごとに披露したのだ。穴があいたのは、空手の真髄である「正拳」、つまり、拳の第二指と第三指の関節だけを使った鋭い突きだったのであろう。彼は海外のいたるところで、「一撃必殺」である空手の力やすごさをみごとに証明していった。

その反響は大きく、イギリスの道場に入門者はどんどん増えていって、最盛期には三万人を越えていた。ＫＡＲＡＴＥ関連の出版物の多くがエノエダ・パンチは世界一と賞賛し、それが世界中に広まったのである。

ハードなドイツ合宿――オールウェイズ榎枝流

その後、欧州全体の主任指導員となった榎枝は、積極的に欧州各地で空手研修会を開催した。ドイツでの空手合宿に参加したロルフ・ハッキングは、「Enoeda Sensei remembered」で過去の思い出をこう語る、「参加したトリエでの1週間の合宿稽古があまりにもハードで、合宿終了後はスープしか喉《のど》を通らなかった」。

彼は世界各地で空手の指導を行うにつれ、ドイツ人やイギリス人などの北部のゲルマン系民族はハードな練習を好み、一方、イタリアやスペイン、ポルトガルなどの南部のラテン系は空手をエンジョイすることを好むという民族性の違いも理解していただろう。そのような榎枝の情熱と豊かな人間性が伝わり、ロンドンの本部道場には、欧州を超えてアラブ・アフリカなど世界中から指導の依頼が毎年のように殺到したのである。

国賓待遇のチュニジア旅行

榎枝のロンドンでの友人である元商社マンの自伝がじつにおもしろい。イギリス駐在時代に榎枝夫妻ら仲の良い五家族とチュニジアに観光旅行に行った際のことだ。

ロンドンからの直行便が五時間も遅れて、やっと首都チュニスの国際空港ターミナルに入った。すると突然、「センセイ エノエダ！」という大きな声がしたと同時に五家族全員のパスポートが即座に集められ、そのまま一般客とは違う特別ゲートから検閲なしに入国した。いわゆる国賓扱いだ。

ホールに出ると、目の前には「ウエルカム　センセイ　エノエダ」と書かれた横一〇メートルもある幕が左右に引かれ、そこには約五〇名の空手着を身につけた小学生が真剣な眼差しで整列していた。彼らは飛行機が到着するまで五時間以上も空港のロビーで榎枝師範の到着を

OSS! OSS!

SAUK wou nie vir Buthelezi beledig

DIE SAUK het nie bedoel om kapt. Gatsha Buthelezi, hoofminister van KwaZoeloe te beledig in 'n uitsending oor Radio Bantoe nie. Dit is ook nie waar dat 'n senior omroeper van Radio Bantoe na die uitsending bedank het nie.

南アフリカから大歓迎　家族同伴で訪れた榎枝を伝えるヨハネスブルグの新聞。1971年

じっと待っていたのだ。

礼子夫人に花束が贈られると、可愛い「OSS（オッス）！」の掛け声とともに、なんとその場で五〇名全員が一団となって空手の形の演武をはじめた。演技が終わると、感動した榎枝は子供たち一人ひとりに笑顔で握手し返礼とした、というすばらしい話だ。

まさに榎枝は日本の外交を司った「空手大使」だったのだ。なぜこのような「空手大使」としての心温まる交流を、日本のメディアは伝えてこなかったのだろうか。

ニューヨークでバイオリニスト五嶋龍に空手指導

大学空手道部で規律をきびしく鍛えられ、元来義理堅い榎枝はJKA米国支部代表師範の西山をはじめ、その後国際松濤館空手連盟を設立した郷里と大学の大先輩である岡崎（北米・中

五嶋龍（1988～）　ニューヨークで空手道場を設立した。

米総師範）と森（ニューヨーク州支部長）からの指導依頼をすべて引き受け、毎年何度も大西洋を飛んで行った。

ニューヨークでは、ヴァイオリニストで当時七歳の五嶋龍《ごとうりゅう》少年をマンツーマンで指導した。彼の姉はヴァイオリニスト五嶋みどりである。

その五嶋龍が武道を通じて日本とアメリカの文化の懸け橋になるため、二〇二二年、ニューヨークに空手道場「日米武道館」を設立した。彼は「伝統的な価値観を現代に生かす」をモットーに、現代的なアプローチで空手修練の場を提供したのだ。その目的は「年齢や性別、国籍に関係なくつねに人格・運動能力・向上心を育《はぐく》むマインドセットを養う」ことだという。

五嶋は、七歳から空手をはじめ、ＪＫＡ三段、米国ナショナル空手フェデレーション三段、日本空手協会ナショナルチームメンバー、船越義珍《ふなこしぎちん》杯第一四回世界空手道選手権大会ファイナリストの経歴をもつ。エノエダ・スピリッツを受け継いだ新しい彼のオープンな空手指導に期待したい。

カラテ・ブーム

一九七〇年代、ブルース・リーの登場

私は、小学校二年の一九六七年、自宅横に父が設立したＪＫＡ直方《のおがた》支部道場・精道館《しょうどうかん》で空手をはじめたのだが、一九七三年にブルース・リーのカンフー映画が出てくるまで、ヌンチャクやトンファーなどの武具は聞いたことも見たこともなかった。

だから、当時それらが空手の武具と聞いて半信半疑であった。空手は素手でやるものであることになんら疑いはなかったからだ。空手は空（から）の手であり、英語でも Empty Hand と簡略的に訳されている。ヌンチャクなどは本来、琉球古武術の隠し武具であって、空手とは直接的な関係はない。

カンフーが専門のブルース・リーは、「アチョー」と怪鳥音を上げながらみごとにヌンチャクを使いこなし、世界中の若者を熱狂させた。彼は真の武道家というよりカンフー俳優なのだ

が、ブルース・リーの影響はすさまじく、憧れた素人がヌンチャクを使って頭部や顔面への挫《ざし》傷《よう》事故が相次いだことも社会現象になった。

ブルース・リー映画が火をつけたカラテ・ブーム

カンフー映画スターのブルース・リーは、空手界にも大きな幸運をもたらしてくれた。当時欧米では、カンフーと空手の違いがほとんどわからなかったからだ。あの大ヒットしたカンフー映画『燃えよ ドラゴン』によって、カンフーや空手を習いたいという若者が世界中の空手の道場や教室に殺到した。

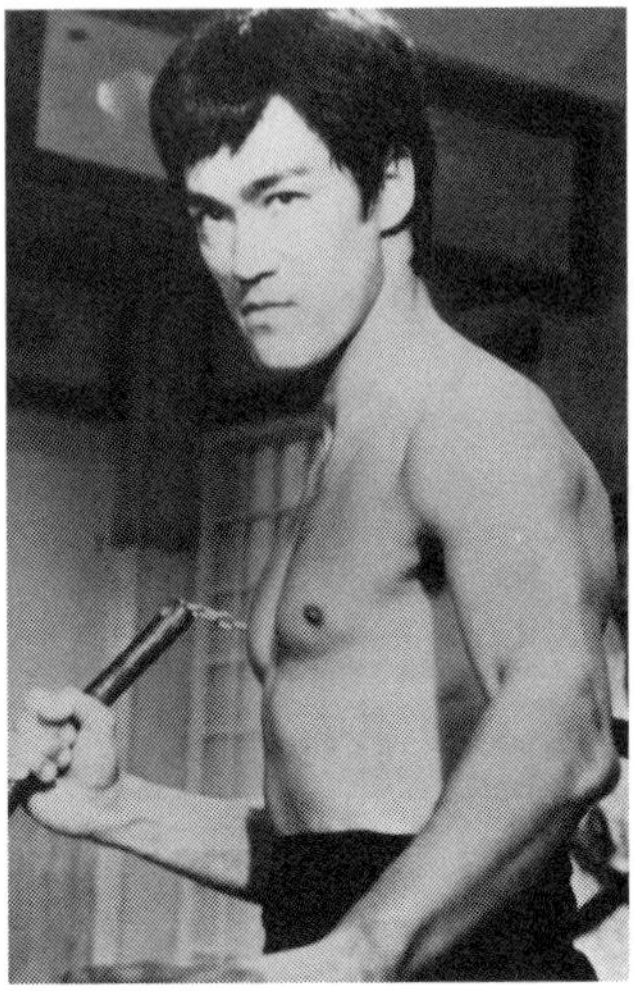

ブルース・リー（1940～73） カンフー映画を大ヒットさせた香港の俳優。

しかし、当時のカンフーには体系的な指導方式や昇級・昇段という試験がなく、道場も完備してなかった。だから、彼らのほとんどが空手へと流れてきたのだ。

榎枝のロンドン本部道場であるＳＫＣにも入門希望者が殺到、空手体験ができるツーリストを含めた入門者によって、道場内は身動きできないほどだったという。榎枝自身も、突然の空手人気の沸騰に心底驚いたと語っている。それにともなって、イギリス本土のみならず欧州をはじめとして世界中から指導依頼が殺到して、中も外も大忙しの状態になった。

カラテ・ブームはブルース・リーがもたらしてくれた大きな副産物であり、いわゆるマーシャル・アーツのなかでいち早く体系化していた空手の勝利ともいえる。それによって榎枝は、経済的に苦しかった道場の運営状況から着実に抜け出すことができたのだ。

タレント扱いの日本の空手指導員

柔道に取って代わるような一九七〇年代から八〇年代の世界的な空手ブームのなかで、ＪＫＡはそれまでの欧米中心ではなく、世界中に上級インストラクターを派遣して空手の普及に努めた。日本人指導員によるハイレベルな演武や難度の高い試し割りは、世界中のカラテファンやカラテに興味ある青少年に驚きと感動を与えた。

その欧州での最大イベントが、榎枝が日本から上級指導員数名を招請《しょうせい》して行う国立レクリエーションセンターのクリスタルパレス（ロンドン郊外）での合宿型空手セミナーである。

一九七〇年代後半、同地をはじめヨーロッパ各地のセミナーに参加した元ＪＫＡ相談役の今松夫は、新聞の取材に対してこう語っている。「欧州のどの国に行っても、ちょっとしたタレント並みの歓迎に本当に驚いた。嬉《うれ》しいやら、照れくさいやらで、彼らは空手に東洋の神秘を感じているようだ」。

さらに、「イギリス空手界トップの榎枝七段は弟子を五万人抱えているせいか、格式と伝統を重んじる社交クラブのメンバーに名を連ねるなど、社会的地位もたいへんなもの。経済的にも恵まれていて、本家の日本の空手家とはくらべものにならない」とうらやましそうなコメントもあった。

一方、今は、欧州の選手のレベルの高さも急速に高まっているので、いずれ本家日本を脅かすことになるであろうことも予言している。

「虎」の棲み家

榎枝慶之輔が天に召されて二〇年以上経つ現在でも、英国空手連合（KUGB）はホームページやフェイスブックなどに、在りし日の堂々とした姿の榎枝の写真を常時使用、彼をKUGB史上最高の指導者として称え、師への絶えることのない想いを披露している。

榎枝がJKA本部の取材で語っていたように、イギリス人は一度心の底から理解すると、ドーンとこちらの懐に飛び込んでくるようだ。強い共感を覚えると信仰心に近いようなものが芽生えるのかもしれない。それはKUGBのメインイベントでも見られ、段位の授与や公式試合での表彰の際には必ず榎枝の写真がディスプレイされた壁紙を使用している。そのような一貫性は、日本の文化には乏しく、すばらしく思える。

クリスタルパレス——欧州最大の空手セミナー

榎枝の人生でもっとも思い出深い地のひとつは、ロンドン南郊のクリスタルパレスであろう。ここは彼の「空手一筋」の人生のなかで最大の檜舞台《ひのきぶたい》となった有名な国立レクリエーション・センターで、アリーナ（体育館）以外にも宿泊施設やレストランも併設されているスケールの大きなスポーツセンターだ。

ＫＵＧＢのトップとなった彼は、一九六七年から亡くなるまでの約三五年間、春または春と夏の年一～二回、ここでサマーセミナーと称して大規模な合宿研修を主催、イギリスのみならず世界中から生徒が集まった。その規模は多いときで数百人以上となり、会場はごった返した。

初年度は前任の金澤がリーダーシップを発揮して一五〇名の会員が集まったので、欧州に赴任していた八名の日本人指導員が招集された。毎年ＢＢＣ放送がスポーツニュースで放映するなどして世間の注目を集めたため、ＫＵＧＢの会員数は年々増加した。その勢いをもってＫＵＧＢは、一九六七年に第一回の全英空手選手権をロンドンのアレクサンドラパレスで開催するにいたった。

イギリス夏合宿　クリスタルパレスで毎年開催された夏合宿のポスター。世界中に散らばったJKAのトップ指導員が招集され、毎年盛大に行われた。

クリスタルパレスでのセミナーが行われた最初の二、三年は、あまりにもハードトレーニングで参加者は足腰が立たないくらいになったので、最終日はリラックスしたスケジュールに変更してから、和《なご》やかな空気に包まれるようになった。毎年参加する若者や子供たちも多くいて、いまでもＳＮＳで多くの弟子たちが、センセイ・エノエダ・コースとして思い出を語っている。

この合宿稽古兼公式試合の開催という合理的な複合的セミナーにも、パワフルで心優しく紳士的な榎枝の人柄が十分に出ていたのであろう。世界中から毎回数百名が参加するクリスタルパレス・セミナーは、空手界一の超ビッグイベントと

クリスタルパレスでのサムライたち　合宿セミナーに招集されたサムライたち。左から冨田、榎枝（オーガナイザー）、加瀬、白井、川副師範。1977年

なったのである。

　クリスタルパレスでの合宿セミナーが成功した理由のひとつは、その指導体制である。榎枝氏自身が頻繁に米国に招かれて指導したように、彼は毎年日本のJKA本部や海外駐在の上級指導員、さらに現役バリバリの猛者たちを招いたことによって、世界最高レベルの実地指導を提供することができた。練習生のレベル別にクラス分けし、それぞれに指導員をつけて責任をもって鍛錬した。

　世界の空手界トップクラスの植木《うえき》政明《まさあき》（現、JKA首席師範）、大坂可治《おおさかよしはる》（世界大会覇者）、田《た》中昌彦《なかまさひこ》（世界大会覇者）、矢《や》原美《はらみ》紀《き》夫《お》（現空手之道世界連盟首席師範）らが一同に集まるという夢のような

クリスタルパレスでの空手セミナーでの集合写真　毎年世界中から数百名が参加する空手界世界一のビッグイベントになった。

情熱のタイガー　クリスタルパレスでの空手合宿セミナーで指導する榎枝。1977年

カラテ・セミナーだ。

研修の最後には、昇級試験や昇段試験を組み込むことで目的を明確化し、さらに全英選手権を併催することで最高のエンディングにしてみせた。

クリスタル・パレスでの合宿セミナーのクライマックスは、アリーナの照明を落とし、演歌「男一途」をＢＧＭに、タイガー・エノエダが武士の正装である羽織袴で登場する演武だ。この曲はＪＫＡ本部が香港生まれの歌手アイ・ジョージに依頼して、榎枝ら空手一筋の指導員たちのためにつくってもらった曲とされる。

多くの弟子たちがまさにタイガーだと語るように、彼は鬼気迫る白熱した演武を披露、観衆を魅了し、会場が割れんばかりの気合で場内は緊張に包まれる。彼の立ち姿には古武士的な品格があり、シニアの武道家のなかでも抜きん出た迫力を感じる。円熟した技の披露は、彼がつねに世界トップレベルの空手師範でありつづけていることを如実《にょじつ》に物語るすばらしいクライマックスである。

日本の武道会全般においても、このように大規模でロングランの国際的研修が行われた話は聞いたことがない。榎枝慶之輔という空手界一のカリスマ的指導者の晴れ姿と、公式競技会をともなったハイレベルで情熱的な指導プログラムを有するこの素晴らしいクリスタル・パレス研修を、なぜ、日本のメディアは報道しなかったのだろうか。

世界一の柔道家・山下泰裕とイギリスで共演

一九八四年ロサンゼルス五輪の柔道で悲願の金メダルに輝いた山下泰裕《やましたやすひろ》は、燃え尽きたのか、その翌年二八歳の若さで現役を引退した。そして将来を見据え、国際的な指導者となる研鑽《けんさん》を積むために一九八六年にイギリスに一年間留学した。イギリス留学を決めた理由は、英会話の習得とイギリス柔道の父といわれる小泉軍治《こいずみぐんじ》（天神真楊流）の縁であろう。

一九一八年、小泉は私財を投じてヨーロッパ最初の武道団体（マーシャル・アーツ）である「武道会（Budokwai）」をロンドンに設立した。武道会は榎枝もロンドンで最初に空手を教えた武道場のひとつで、山下はそこを中心に研修を行った。その後もイギリスには、同様の流れで中西英俊・井上康生・塚田真希らが続き、現在はオリンピック二大会連続金メダルの大野将平が研鑽を行っている。

Budokwai 道場　ロンドン Budokwai 道場は、1918年（大正7）に設立されたヨーロッパ初の武道場。右が指導をする榎枝。

井上康生もイギリス留学では語学の習得・人脈づくり・海外での指導要領が研鑽できたと語っている。

留学中の山下が榎枝といちど演武の共演を行っていることは、日本ではほとんど知られていない。一九八六年、両師範はニューカッスル州サンダーランドにあるイギリス最大の日産工場の特別記念行事に招待された。二人はそれぞれ柔道と空手の模範演武を行なって場内から大喝采を浴び、イギリス国内では大きく報道された。もちろん、二人が雌雄を決する試合をしたわけでは決してない。

COLUMN

欧州に最初に空手を伝えた村上哲次

　柔道は空手より約半世紀早くイギリスに伝わった。イギリス柔道の父といわれる小《こ》泉《いずみ》軍治《ぐんじ》は、渡英した一九〇六年（明治三九）にはリバプールにすでに柔術場があったことに驚き、彼もそこで教えた。その後、小泉は一九一八年（大正七）にヨーロッパで最初の武道（柔道）団体である武道会（Budokwai）をロンドンに設立、一九四八年にイギリス柔道連盟の設立を助けて初代会長になった。

　Ｃ・Ｗ・ニコルも空手をはじめる前には、ここで老齢の小泉から柔道を習ったという。榎枝はロンドンにＳＫＣ道場を設立する前はここで指導し、設立したのちも弟子たちが週二回ここで教えた。そして、ＳＫＣ道場が閉鎖になったあとも、しばらくの間この武道会の道場を借りて指導した。

　公式に欧州で最初に空手を教えたのは、一九五七年にフランス武術アカデミーから招待を受けたＪＫＡの村上哲次三段ではないだろうか。フランスにはもともとフランス・ボクシングがあって、空手の技との共通点があったからだ。彼は主としてフランスとイタリア、最後はイギリスで指導を行って高い評価を受け、その影響は一九六八

COLUMN

村上哲次　イギリスやフランスではじめて正式に空手を教えたJKAの村上哲次指導員（中段中央の黒帯）。リバプールの道場にて。1963年

年に帰国するまでヨーロッパ各地に広がった。

　作家のC・W・ニコルも、一九六〇年代早期はイギリスには空手の指導者はひとりのみだったと語っているが、それは村上のことであろう。

　村上がつくり上げたイギリスでの下地がなければ、金澤・榎枝両人はもっと苦労したことだろう。

第七章

タイガー、イギリスを愛す

イギリスで家族とともに

若者文化の最先端地にカラテ

一九六〇年代は世界的にもまだイギリス文化が根強く、世界最先端の若者ファッションはニューヨークではなくロンドンだった。世界一のロックバンドとなったビートルズやローリング・ストーンズ、モデルのツイッギー、映画の007シリーズがその代表例だ。ロンドンは市街地がコンパクトなのでカルチャーが集約しやすく、本場の英語の習得を兼ね、海外から多くの若者が訪れていた。

その中心であるソーホー地区の裏通りに、流行に敏感な若者が集うカーナビー・ストリートがある。ここは若者文化の代名詞となったショッピング・ストリートで、ミュージシャンやデザイナーたちがロングヘアでサイケデリックファッションに身を包み、フレアーのジーンズに踵《かかと》の高いロンドンブーツでタバコを燻《くゆ》らせながら闊歩《かっぽ》していた界隈だ。

日本のヤングミュージックとして一世を風靡《ふうび》したグループサウンズ（ＧＳ）は、この地の影響をそのまま受けて誕生した。当時あったザ・カーナビーツというバンド名は、それを証明している。

カーナビー・ストリートのすぐ隣にあるマーシャル・ストリートも、世界中からのサイケデリックな若者芸術が集まっていた。そのような通りにマーシャル・ストリート（ＳＫＣ）道場ができた理由は、空手も若者文化のひとつという認識なのであろう。

ビートルズのジョージ・ハリソンがインド音楽に傾倒し、ジョン・レノンが日本人前衛芸術家のオノ・ヨーコと結婚したように、西洋文化に飽きた若者は神秘的なアジア文化に興味を見出した。

彼らは、白い着物のような上着に黒い帯をきりりと締める柔道や空手の姿に憧れた。ボクシングのような手技《てわざ》だけでない足技をもつ空手に、格闘としての現実性を見た。板張りの道場で師範を前に正座をして黙禱《もくとう》をするという「禅《ぜん》」のような慣習は、西洋の若者のスピリットを高揚させた。

さらに、上達目標として段位を取る、つまり黒帯を締めることができるという階級制度は、西洋のスポーツにはない魅力があるシステムだったのだ。

ロンドンで日本人と結婚

一九六九年、榎枝はKUGBの首席師範かつJKAの英国主任師範となり、ロンドンに腰を据えて、イギリス全土での指導に本腰が入った。そして、その年の五月、三三歳になった彼は約二年前にドイツ・デュッセルドルフの「日本館」で知り合った東京池袋出身で独日センタースタッフの林礼子さんと結婚する。

この「日本館」は、当時の国際文化振興会会長であった元首相の岸信介《きしのぶすけ》が主導した日独文化交流事業により、丸紅に建設させた独日センター内の高級和食店である。岸が東京柳橋の料亭「柳光亭」に依頼してつくらせた本格的な店だ。語学が堪能な彼女は、二年契約の公募で二期生として採用された。

この貴重な写真は、郷里在住の妹の道恵さんと、帰京されている礼子夫人から直接見せていただいたものだ。古き良きロンドンの匂いがする素晴らしいWeddingに胸がジーンとくる。お互いに一目惚れだったそうであるが、四人兄弟の長女である礼子さんの両親は、イギリスに行った空手家と結婚することに最初は反対したという。

そして、一九六九年五月一七日、サリー州のRichmond Registry Officeで、家族や友人たち、そして空手の弟子たちが祝うなか、式をあげた。

タイガー結婚　英国サリー州のリッチモンド・レジストリー・オフィスでのウエディング（上段）と日本での披露宴(中段右)。新婚旅行に行ったバハマで（下段)。1969年

超多忙の空手家を夫にして

榎枝はご飯が大好きで、毎日お米を炊《た》くよう礼子夫人に要請し、車で遠方に指導に行くときは、みずから電気炊飯器と米を持参した。彼女は、「夫は月のうち半分はロンドンから出てイングランドやスコットランドの地方都市で指導、さらには外国にも頻繁《ひんぱん》に指導に出かけていました。だからまだ私はイギリスに友達もいなくてホームシックにかかり、本当に日本に帰りたくなった」と語る。

さらにひとりでは寂しいので、「私にも空手を教えて！」と訴えたが、「それは照れ臭いからダメだ」と却下された、と昔を振り返る。

自宅でも空手　長男大輔君のうしろで空手の技を披露する榎枝。1972年

その後二人は、一男一女（大輔と麻耶）をもうけた。大輔君は名門ウエストミンスター校からロンドン大学経済学部を卒業して、現在イギリスのHITACHI®に勤めている。麻耶さんも名門セント・アンドリュース大学を卒業してイギリス人と結婚

した。麻耶さんの大学卒業と入れ替わりでウィリアム王子とのちのキャサリン妃が大学に入学してきたという。大輔君はウエストミンスター高校で空手部のキャプテンを務め、麻耶さんも一家全員で空手の稽古を行なっている。やはり、血は争えない。

結婚後、榎枝ファミリーは子供の成長とともにロンドン郊外のサリー州のリッチモンド（一九六九―七四）、ホイットトン（一九七五―八〇）、テディントン（一九八一―八五）、イーシャー（一九八六―九一）、キングストン（一九九二―二〇二一）と、より良い教育環境を求めて自宅を移した。

悩めるサムライを支えた家族

一九七一年のＪＫＡ海外取材ＶＴＲでは、部下の若手日本人指導員とのミーティングの映像が残っている。榎枝は、「空手にもいろんな空手がある。我々は正しい空手を指導しているのだ。別の流派で黒帯を取ったからここでも黒帯でやりたいという人が入門した場合、我々の正しい空手が理解できるまで待とうではないか」と紳士的に話す。

実直で芯《しん》が強く、かつ人間味のある彼の性格が見てとれる。サムライ的精神に加え、数年にわたるイギリスでの生活での順応性と英国紳士の立ち居振る舞いがおのずと身についたのかもしれない。

指導アシスタントを長年務めた冨田《とみた》は、「心配事は家庭に持ち込まず、すべて自分自身で片付ける男だった。日ごろは無口で無駄口をたたかないが、いちど道場に入ればでかい声でユーモアをまじえながら指導するすばらしい恩師だった」と語る。

榎枝には休みなく猛烈に働く「昭和の男」を垣間見るが、出張が多いと奥さんは大変だ。「苦労は忘れてしまうものですが、夫は一月の半分は家にいなかった。子供たちが病気になっても私ひとりで看病せねばならず、自分自身も急病の際は一人で救急車の手配をしたり、いざ出産となっても自分自身で行かなければならず、幾度も危機を乗り切った」と当時の民放テレビ番組のインタビューで語っている。イギリスにあっても、家長の仕事が最優先であった典型的な昭和の日本の家庭そのものだ。

競馬とゴルフ発祥の地での息抜き

榎枝は弟子間でも有名な競馬ファンだった。よく行っていたのは、世界的に有名なアスコット競馬場はもちろんのこと、ハイソサエティなイギリス人が集うロイヤルウィンザー競馬場（バークシャー州）や エプソムダウンズ競馬場（メンバー）、自宅近くのサンダウンパーク競馬場（サリー州）、さらには世界的にも有名な世界最大の競馬の町ニューマーケット（サフォーク州）である。

ニューマーケットには我々家族も留学時に訪れ、医者だと言ったら、産気づいた牝馬のお産を見学させてくれた思い出がある。

婚約時代の林礼子さんとの最初のロンドン・デートも、ウィンザーに連れていくと言って向かったのはウィンザー城ではなくウィンザー競馬場だった（笑）。イギリスで身につけたウィットであろう。その映像はいまでもＳＮＳで見ることができる。

榎枝は、さらに自宅に近いケンプトンパークやリバプールの大障害レースにはよく通い、ドッグ（グレイハウンド種）レースや上流階級の社交場でもあるカジノのルーレット（ロンドンの賭博場は合法）にも顔を出した。彼がこのような場でひとときを過ごすのは、異国での道場経営や組織運営での気苦労、さらには空手国際化に向かっての胃が痛くなる難題からの解放だった。

一九七一年のＪＫＡ取材の動画では、榎枝は久しぶりの休日にＪＫＡの紋章を左胸につけた紺のブレザー姿でひとりアスコット国立競馬場に行き、競馬新聞を片手の観戦風景や馬券を買う映像が流れる。競馬場でも背筋を伸ばし、じつに堂々としている姿がとても様《さま》になっている。

僕は好きといえば競馬は好きです。ギャンブルを度外視して馬が好きです。だいたい引馬場を見ると、そのときの良い馬がわかるような気がする。だから馬と一緒で、空手だってそのとき大きく見える選手は必ず良い結果を出す。

だが、ナレーションは、「ただ下手の横好きという言葉もある。彼は今日一〇ポンド、八五〇〇円をすってしまった」と笑いを取って締めくくろうとするが、当時一ポンドが八五〇円という、いまではまったく考えられない円安に驚いてしまう。

ロイヤル・アスコット競馬でエリザベス女王と

礼子夫人が昔を思い出して語る。

ある年アスコット競馬場でのロイヤル・アスコット(毎年六月の第三週に行われるイギリス王室主催の世界的な競馬開催)の際に、エリザベス女王と主人がぶつかりそうになったことがありました。彼は馬場で馬を見たあと、競馬の予想表を見ながら下を向いて歩いていましたら、女王様も護衛の方と向こうから歩いて来られましてね。お互いに気がつかずぶつかる寸前で、護衛があわてて主人を止めましたのよ(笑)。

また、榎枝はイギリスの上流階級の人たちが集うロンドン・メイフェアにあった「クロックフォード」という世界最古の上流カジノクラブのメンバーにもなっていた。ここは日本や外国からの特別ゲストに対する接待の場でもあったのだ。さらに榎枝は、王室メンバーからの要請により、しばらくの間プライベートレッスンを行っている。

イギリスのテレビコマーシャルに出演

イギリスの子どもや若者は、我々日本人と同様にスナック菓子が好きだ。日本ではかっぱえびせん®に相当するようなスナック菓子がイギリスでも人気だった。一九七〇年代に人気があった〝Kung fuey crisps〟®（カンフーポテトチップス）というスナック菓子の宣伝に、榎枝が主演で登場する。

コマーシャル映像では、いきなり壁を破って出てきた榎枝が力強い空手の形のダイジェストを行ったあと、最後は照れながら菓子をほおばるシーンが流れる。

この映像は多くのイギリスの子どもたちの記憶に残っているようで、いまでもYou Tubeや彼を偲ぶFacebookのサイトで見ることができる。このコマーシャルを見て榎枝先生の空手道場に通いはじめたというメッセージも多く投稿されている。そのダイナミックな形は難度の高い「鉄騎三段」だ。

もうひとつYou Tubeなどで見ることができるコマーシャル映像がある。一九八四年のWrangler ®ジーンズのコマーシャルで、ジーンズをはいた少年が空手着を着た悪魔的な榎枝に柔道の技で投げられて空手の蹴りや突きを決められるが、その少年は不屈にも新しいジーンズに着替え、その上に黒帯をしてニヤリと笑うというものだ。

タイガー、ロンドン地下鉄のポスターに登場

ロンドンの地下鉄は世界に先駆けて一八六三年に開業した。ロンドン地下鉄はイギリスでは「Underground」または「Tube」と呼ばれ、市民や観光客にも親しまれている。一九九八年、KUGB本部のマーシャル・ストリート道場は創立二五周年を記念して空手道場のポスターをつくり、あちらこちらの地下鉄駅構内に貼ってまわった。

「Dymamic Karate!」「Learn Karate」と記されたポスターには、榎枝が得意とする豪快な上段回し蹴りの写真が大きく映し出されている。このあっと驚くポスターによって、イギリスやヨーロッパでの彼の認知度はさらに上がった。ロンドンには世界中からビスネスマンや観光客が集うからだ。

じつにダイナミックで撮ったアングルがすばらしく、私も大好きな写真だが、日本では目立ちすぎると言われるかもしれない。

有名になった地下鉄の空手ポスター　ロンドン地下鉄の構内に道場広告のポスターを掲示。豪快な上段蹴りを決めるマスター・エノエダ。

日英文化の橋渡し

ロイヤル・アルバート・ホールで空手の演武

一八七一年開場のイギリスの殿堂ロイヤル・アルバート・ホールで、一九八八年、榎枝は柔道と合同で演武を行い、大喝采《かっさい》を浴びた。彼自身でアレンジしたダイナミックな形を紋付袴《もんつきはかま》姿で演武する姿は、まさに空手家としての勇姿であり、彼の大きな気合いがホール全体にこだまして印象づけた。この企画は武道会が作成したもので、興行としても大成功をおさめた。

一九九一年、日本文化紹介行事として最大規模となる「ジャパンフェスティバル」がイギリスで実施され、イギリス各地で三五〇以上の企画・行事が行われた。なかでもロイヤル・アルバート・ホールで開催された大相撲公演はテレビ中継され、その年の最高視聴率を取るなど大評判になった。

日本に帰したくない

榎枝はイギリス空手界のトップとして、日本のテレビに二度出演している。最初は昭和六一年（一九八六）春の「トゥナイト」のニューライフ・シリーズで、ロンドン郊外のブッシュ・ヒル・パークでの指導風景が撮影され、その後に当時人気レポーターの野沢直子が彼の自宅に突撃取材した。

いかにもイギリスらしい古い邸宅で、リビングの大きな暖炉《だんろ》に火を灯《とも》しての家族へのインタビューだった。壁には二五〇年ものの柱時計が掛けてあった。榎枝はインタビューのなかで、「最初は一～二年の予定でイギリスに留まったが、なかなか帰れなくなった。最初の一〇年間は来年こそは日本に帰るぞ、という気持ちでやっていた。だが一〇年ぐらい経ったころ、考え方が変わった。つまり、遠いイギリスまでやってきて、空手の種《たね》を蒔《ま》き、ここまで育てたのだから、最後までやってやろうという気分になった」と語っている。妻の礼子さんは夫のことを努力家でおおらかな性格だと話す。

次に出演した番組は、昭和六三年夏にマーケティングコンサルタントの植山周一郎と英会話講師のマーシャ・クラッカワーが司会をしたテレビ東京「ハローＶＩＰ」にゲストとして登場した。これもイギリスで取材・収録された番組だ。榎枝が毎年主催するクリスタル・パレスでの大合宿セミナーで、企業の社長らを指導している光景が流れる。

「なぜイギリスのエリートたちが空手なのか？」という質問に彼は、「イギリスでは日本の経済的躍進に驚き、そのパワーの根源のひとつであろう武道に強い魅力を感じている」と答えている。

実際に彼の道場に当時ヨーロッパ最大の羊毛会社の社長アラン・ルイスが長年稽古に通っていた。

同番組でルイスは、榎枝のことを「空手大使のような存在。我々に感動を与え、その心がひろがる。日本に帰したくない人」と最大限の賛辞をおくっている。

ユーモア師範は大食漢

榎枝はとてもユーモアがあった、とかつての多くの弟子が語る。

ある弟子は、「エノエダ センセイのユーモアが最高潮になるときは、だいたい食事のときです。先生がロンドンの日本料理店に弟子たちを連れていった際に、大きな魚が頭から尻尾《しっぽ》まで丸ごと彼のテーブルに出され、みな驚いた。

するとセンセイは隣のジム・ケリーに、空手が上手になるには目が大事だ。この目を食べれば、前の敵も後ろの敵も見えるようになる。「Jim、Eat!」と言いました。

イギリス・ボンマスでの合宿　まるで日本人のように整然と正座するイギリス南部地区合同合宿風景。1978年

すると、ジムは本当に食べてしまって、センセイは椅子《いす》から転げ落ちるほど笑いました。

このような日本の体育会系のノリがクールな国イギリスでも通用するとは通常思えないので、これは榎枝の人徳であろう。

また、榎枝は有名な大食漢でもあった。スシ・バー（寿司屋）がロンドンに増えだしたころの話である。

本部道場で、特段に激しい稽古が終わったある夜、エノエダセンセイはロンドン北フィンチリーにある彼の友人が経営するスシ・バーに弟子たちを連れていった。とにかくセンセイを含めてみなお腹がペコペコで、寿司をがむしゃらにメチャクチャ食べた。すると経営者が出てきて、もう寿司は出せません。お櫃《ひつ》も空《から》で米（飯粒）がないのです、と申し訳なさそうに言ってきた。でも我々はまだ空腹だったので、最後に出された巨大なデザートをセンセイも一緒になって貪《むさぼ》り食べた。

打ち上げパーティー

タイガー榎枝は、KUGBの運営や道場経営、そしてあらゆるイベントで多大なる貢献をしてくれたスタッフへのねぎらいも決して忘れなかった。また、クリスタル・パレス合宿セミナーの打ち上げパーティーでは、イギリス人スタッフとともにダンスやカラオケ、そしてマジックの披露で日本からの指導者たちや関係者をもてなした。

気さくなタイガー　合宿の打ち上げパーティーでリンボーダンスをする榎枝師範。

参加者はそれぞれの国の歌を唄い、踊り、いつも最高のラストナイトとなった。ジョーク好きでユーモアがある榎枝は外国人向き性格でもあった。KUGBはクリスタル・パレス以外にも、スペインなど海外で定期的なセミナーを開き、技の練磨と親睦を深めた。日本の武道界ではなかなか真似できない催しだ。

気合いで伝える――ケン・バックリーが語る思い出

榎枝は「武道としての精神面を伝えたいという思いから、できるだけ日本語で空手を教えている」とインタビューでも再三語っている。気合いで伝授するというやり方も、武道には大事な一面であると考えていたからだ。

榎枝の弟子であったケン・バックリーが、昔の思い出を私のリクエストに答えて語ってくれた。一九七〇年台にマンチェスター近郊の町ストックポートにあったジャック・タイリーが指導する道場では、午後からタイガー榎枝がハイレベルな指導を行っていた。それは彼が指導するセッションでの出来事だ。彼がいつもの気合の入った大声で何度もある言葉を発するのだがだれも理解できないので、彼はしだいにストレスが溜まっていた。たまりかねて最前列の上級者が、「センセイ、すみませんが私たちは日本語がわかりません」と言った。すると、榎枝は「日本語？　私は日本語なんか話していない。ここで私が教えているのは空手であって日本語ではない！」とユーモアで答えた。

つまり、彼は素早い技を披露しながら、Speed, Speed（スピード、スピード）と言っていたのだ。Speed という英語を、日本語的にドに強くアクセントを入れたため、イギリス人はだれも聞き取れなかった、ということだ。

私も二年間住んだイギリスで、優しそうな大工さんに Wood（木）という単語を何度言っても通じずにイライラした経験がある。日本人はWoodをウッドと発音するが、これは勘違いで、正しくはウーッドと口をすぼめて長く伸ばさないとイギリス人は聞き取ってくれない。一方、なぜか榎枝氏のヒアリングは一〇〇点満点であったというのが、弟子たちの評価だ（冨田）。

愛するスコットランド――エノエダ・カップの設立

マスター榎枝は、ＪＫＡスコットランド支部の道場長となった弟子ジム・ウッドからの熱烈な歓迎を受け、三〇年以上にわたって年に四、五回スコットランドを訪れた。

スコットランドは第二の故郷　スコットランド民族衣装を着て記念撮影。エノエダカップにて。1999年

彼はスコットランドの自然を愛し、スコットランドは世界でもっとも美しい国と語っていた。とくに木の葉が色づく秋を好み、よく家族を連れて滞在した。日本の郷里を思い出していたのかもしれない。

榎枝はスコットランドでの最初の空手合宿と最初の公式大会となるEnoeda Cup（エノエダ・カップ）を一九九九年に開催した。スコットランドの民族衣装（伝統的なスカートに蝶ネクタイと濃紺のジャケット）を身にまとった榎枝氏の写真を見ると、心からスコットランドに溶け込んでいることがよくわかる。

エノダ・カップ（榎枝杯）は現在、ポーランドでも開催されつづけている。これほど広く海外で歓迎されつづけた空手家は榎枝氏以外には存在しないであろうし、彼があらゆる国で敬愛されつづけた理由はその地を愛したからではないだろうか。

弟子ジム・ウッドのマスター榎枝に対する究極のおもてなしは、とてもすばらしいものだ。空手セミナーの設営に留まらず、ゴルフ発祥の

南スペイン合宿
ビーチでの合宿（上）と合宿後の休暇旅行で榎枝夫妻と冨田英男指導員・照美夫妻。1975年

ミラノで開催された空手選手権
榎枝ほか多くの日本人上級指導員が企画・運営に携わった。1975年

地スコットランドのセント・アンドリュースやターンベリー、グリニグル、ドルノックなどの名門ゴルフコースに、彼をそのつど招待した。榎枝氏が日本や米国から呼び寄せた指導員や、もうひとりの熱烈な榎枝ファンである医師ビル・カールも同伴して、いつもみな、なごやかにラウンドしてスコットランドドライフを大いに満喫した。

タイガー榎枝に心酔したビル・カールは、希少なクラシックカーのコレクターとしても有名で、榎枝と日本人指導員たちをロールス・ロイスの「シルバーシャドウ」でスコットランドを案内したりした。スコットランド訪問は榎枝にとって、まさに大名旅行であった。

サッチャー元イギリス首相とご対面

榎枝夫妻はイギリスで親友となった元イギリス・ソニー販売部長の植山周一郎の仲介で、当時の首相マーガレット・サッチャーの講演会に主催者側から招待された。サッチャーも空手に興味があったようで、いろいろと榎枝に質問をした。榎枝は英国のスナック菓子(クリスプス)のテレビ宣伝やほかにも何回かイギリス映画に出演していたので、笑いを交えて歓談した。

植山はマーガレット・サッチャー日本代理人を努めたことで有名な経営コンサルタントで、一九九一年から二〇〇〇年まで毎年彼女の日本への招聘、講演、チャリティーイベントを企画、実施した。この貢献が評価され、二〇一三年四月一七日にロンドンのセントポール大聖堂で行われたサッチャー女史葬儀に唯一の日本人夫妻として招待された。

また一九八八年にテレビ東京の経済番組「ハローＶＩＰ」の司会者として、ドナルド・トランプやヴァージングループのリチャード・ブランソン会長、ジャンポール・カミュ会長をはじめとする世界の著名人五〇人に英語・フランス語などで直接インタビューを行った傑出した国際人である。

当時の思い出を、私自身が植山周一郎にお会いして尋ねた。


サッチャーさんは日本に対して親近感をもっておられ、日本文化・武道などにも感心を寄せておられた。肉体と心の両方の訓練について、すばらしいというご意見をおもちでした。

そこで私の親友であり、元空手世界チャンピオンの榎枝先生にお会いになっていただいた。

サッチャーさんは、多くのイギリス人の弟子に空手を教えていただいていることに感謝していることを榎枝先生に直接伝えられた。すると榎枝先生は、日本の武道の精神を多くのイギリスの人たちに理解していただき、実際に私どもの道場に入門していただき、たいへん嬉しく思う、と返答された。

さらにサッチャーさんは、空手の世界大会ではイギリスが活躍したそうで嬉しく思うと語られると、榎枝先生はイギリスのチームを率いて大会に行き、日本よりもイギリスの活躍を応援したと笑いながら答えられた。

私はこの事実談を植山氏から直接耳にすることができ、榎枝が果たした日英文化のすばらしい橋渡しに目が潤んで仕方がなかった。

空手界初の大英帝国憲章M・B・E授与

一九九九年、榎枝師範の愛弟子であるジム・ウッドは、長年の空手に対する貢献が認められ、バッキンガム宮殿で榎枝とともに大英帝国憲章の勲位であるM・B・E（Member of the British Empire）を女王エリザベスⅡ世から授与された。榎枝は英国紳士風に三つ揃えのスーツに大きなシルクハットをかぶって、彼らしく颯爽《さつそう》と登場した。M・B・Eはあのビートルズがロックバンドとしてははじめて一九六五年に授与され、当時世界中で話題となったイギリスの勲章である。

著者がイギリスに滞在した二〇〇〇年に榎枝氏が「サー（ナイト爵）」の称号をもらったという噂話を耳にしたが、彼は英国籍ではないのでサーは与えられてはいない。M・B・E授与のことだったのだ。

二〇一七年にノーベル文学賞を受賞した長崎出身の作家カズオ・イシグロも、イギリス王室

愛弟子ウッドと榎枝　M.B.Eを受賞したジム・ウッドと並んで表彰された。バッキンガム宮殿にて。1999年

からナイトの爵位を授与されたことは日本でも報道された。彼は英国国籍なのでサー（Sir.）の称号で呼ばれることに、とても誇りを感じると述べていた。

私が調べうる限り、日本の武道関係者では榎枝氏が最初のＭ・Ｂ・Ｅ受賞者のようだ。日英関係は皇室と王室という伝統で維持されてきた。彼のＭ・Ｂ・Ｅ受賞は日本でも広く報道されてもよかったすばらしい名誉であり、我々同郷の空手家ですら知らされてなかったことは非常に残念だ。

その後、ＪＫＡから分派した形で松濤会を設立し、一九六〇年代半ばからイギリスで長年空手の指導を行った原田《はらだ》満祐《みつすけ》氏も二〇〇七年にＭ・Ｂ・Ｅを受賞している。両人の受賞は空手の国際化に大きく貢献した証であり、今後に伝えていきたい日本武道界の誇りである。榎枝の先輩である西山英峻《にしやまひでたか》氏も米国での空手普及の貢献より、日本の勲四等が授与されており、榎枝ももう少し長生きしていたら、同等の表彰があったのではないだろうか。

COLUMN

東京サミット1979——サッチャーを空手女子が護衛？

一九七九年五月に英国初の女性首相に就任したサッチャーは、同年六月の先進国首脳会議（東京サミット）への出席が国際舞台への本格デビューとなった。その際の護衛に関するおもしろいエピソードがある。

「東京サミットから三〇年経ち、英公文書館は当時の外務省機密文書を公開した（2009.12.30. ロンドン共同)。それによると、サッチャー首相（当時）が訪日する際、日本政府は空手の達人の女性二〇人で同氏を警護するよう計画していた。それを報道で知った英閣僚らは、ほかの首脳と同様に扱うよう、園田直外相（当時）らに申し入れた。サミット準備会合で英側は日本側に『サッチャーは首相として来日するのであって女性としてではない』と述べ、結局、計画は立ち消えになった」。

この笑うに笑えぬ外交的エピソードは、騎士道と武士道の違いからくるものでもなく、榎枝らが培ったイギリスでの空手人気を知った日本政府が、意識過剰になり公私混同したのであろう。

COLUMN

第八章

空手をオリンピックへ

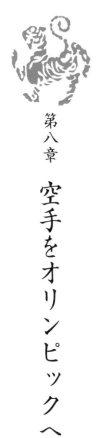

日本に勝てるイギリスチームを

イギリスでもっとも多くのカラテ本を出版

榎枝は、イギリスでの生活も軌道に乗った一九七二年に初の空手指導書である『KARATE DIFFENCE AND ATTACK』を出版した。本というより空手技術の写真集といった内容だ。カバー写真をはじめとして、流行の細身のスーツに身を包んだ榎枝が、ロンドン各地の観光名所で暴漢に襲われた際の対応というシチュエーションで、的確でダイナミックな技をみごとに披露している。「空手は護身的格闘術である」という概念をみごとに証明したすばらしい内容の本である。

彼が一五種以上の空手指導本をイギリスで出版していることについても、日本ではほとんど知られていないことに、イギリスを知る元空手家として忸怩《じくじ》たる思いがする。

「KARATIST」という芸術性を込めた新語も、国際的に活躍する榎枝に対する賞賛としてつ

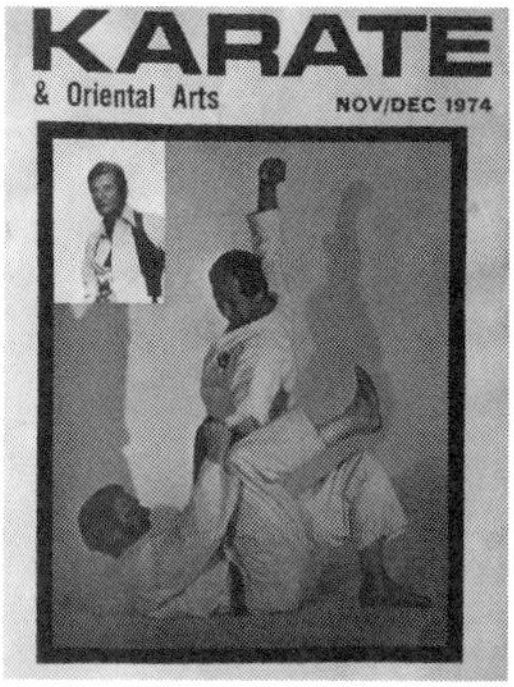

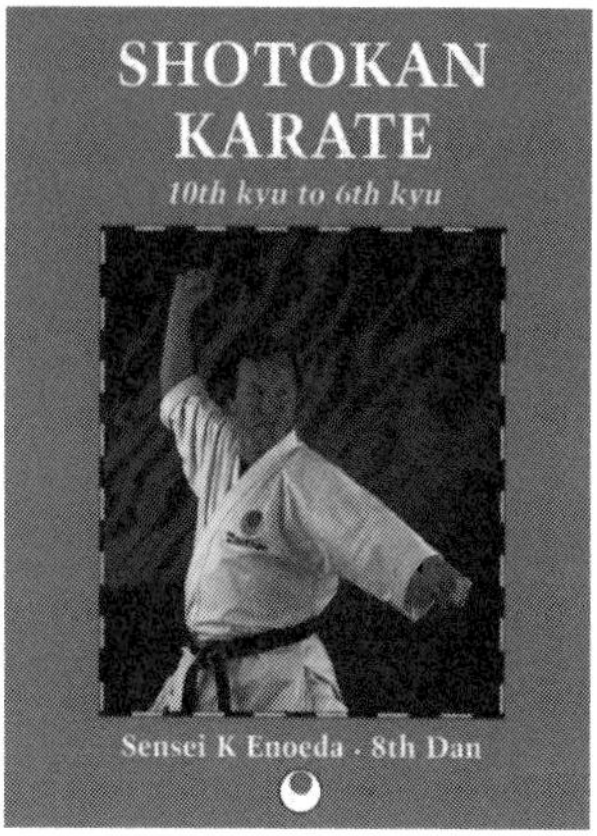

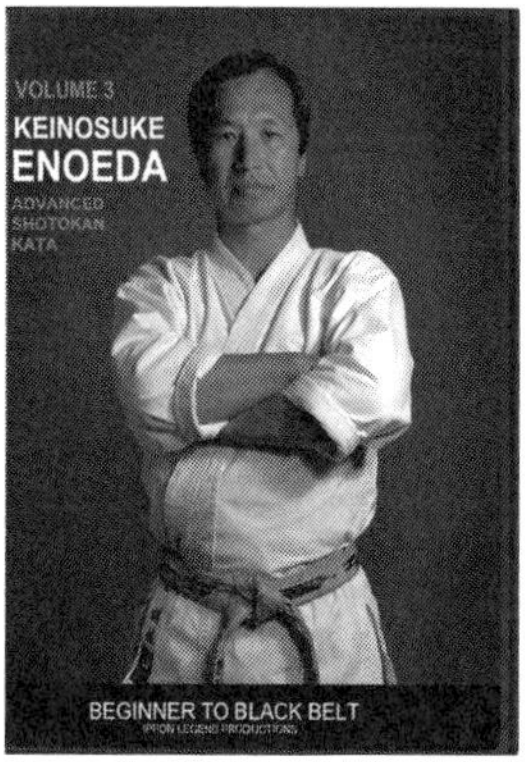

空手の普及　イギリスで出版した空手の指導書（上）と，空手専門誌やDVDの表紙を飾る榎枝師範（左）。

くられたといわれる。いまは中古本もネットで購入できる便利な時代であり、著者も数冊購入した。いまからでも遅くはない、興味ある人はぜひ手に取ってみて、外国で日本の空手をどのように理解させたのか、榎枝の努力の跡を眺めてみようではないか。

また、榎枝は社交的で性格も大らかであったので、空手に興味をもってくれているあらゆるジャンルの人との交流を深めた。日本国内ではややむずかしい他流派との連携も忌憚《きたん》なく進め、和道流主任指導員の鈴木辰夫とはオープンな関係を築き、公式試合でも弟子たちを競わせた。まさに呉越同舟《ごえつどうしゅう》、他流派と連携も空手の一本化には必須事項である。

技の強調

私も、若輩ながら高校二年生で空手道部主将のとき、米国カリフォルニア州の州都サクラメントでの建国二〇〇周年祭と豪州パースのロータリークラブの文化交流事業で、空手の形の演武を披露した。

国内と違って、外国人、主として合理的な西洋人に空手を注目してもらうにはひとくふうが必要である。それは、技にメリハリをつけることだ。技をできるだけ力強く、大きく見せることであり、掛け声（気合い）も大きくして強調したほうが反響は良い。海外では静かに演武しても彼らの印象には残りにくい。突きはいつもより遠くへと突き出し、蹴りは前に倒れこむくらいの勢いで思いっきり蹴り込む。

突いたあとの素早い腕の引きが大事で、身体の脇を擦《す》りながらうしろにグイッと突き出す。シュッという道着《どうぎ》が擦れる音を有効に使っても良く、とにかく堂々と自信をもって演武することが大事だ。

日本ではオーバーと捉えられるような身体の動きでも、海外ではそれくらいで良く、まわりの見物者を圧倒するような迫力が大事なのだ。その上、空手には多種多様な技があるのだから、ある程度の自信さえあれば、できるだけ多くの技を披露することだ。大技は彼らの好みだし、失敗しても西洋人は笑わない。伝統的に簡素で修行の意味合いが強い日本文化と違って、海外ではわかりやすくて力強い実戦的な技を求めているからだ。

筆者、豪州で空手演武　1976年に豪州のパース近郊ウエジンのロータリークラブで空手の演武を行なったことを伝える地元新聞。

黒帯を締めたい！

多くの外国人練習生たちは、とにかく手っ取り早く強くなりたがる。修行的稽古よりも実戦的練習を重んじる。現在も、当時のエノエダ センセイの指導するようすはSNSの動画でいくつか見ることができる。

ある指導風景では、中段外受け↓肘《ひじ》打ち↓逆突き↓下段払いと四種の連続技を身をもって示しながら、持ち前の気迫で周囲を圧倒している。

だが日本国内では、このような技の組み合わせはあまり行われない。外国人は短期間にできるだけ多種の技を身につけたがり、日本人よりグレード、つまり、昇級や段位（黒帯）の獲得にこだわる傾向がある。そのため、その要望に応じた指導法のアレンジが求められるのであろう。

このあたりの理解力と適応力も、榎枝は「空手は国際親善」として柔軟性を見せていた。

俺はお前たちを愛している

元ケンブリッジ大学空手部（ＣＵＫＵ）で榎枝師範に稽古をつけられたＴ氏が、当時の思い出をＪＫＡオランダ・アムステルダム支部ホームページのコラムで語っている。Ｔ氏はもともと日本の文化が好きで、日本のＪＫＡ道場でも研鑽《けんさん》を積んだ空手家で、現在、同支部の主任指導員をしている。

一九九〇年から数年間、私はケンブリッジ大学空手部の Fenner's Gymに空手の稽古に通いました。週五回のハードな稽古でした。数か月に一度、総監督のエノエダ センセイがロンドンから指導に来られましたが、その日がもっともきびしい稽古日になりました。彼の運転するメルセデス・ベンツが稽古場の正面につくと、電気が走るような緊張感が道場全体を覆いました。即座にシニア部員が師範の完璧なるお出迎えをして、手荷物を取り、ドアを開け、中へご案内しました。彼はすごいカリスマがありましたが、年にいちど学生幹部をサリー州の自宅に招いてくれました。素晴らしいことだと最初は思いましたが、何か芸を披露しないといけなかったのです。

私はカラオケで歌うしかないと思いましたが、機械が壊れていました。だから私は勇気を出して、地声でドアーズ（当時人気のロックバンド）のヒット曲を歌いました。

私はこの印象的なコラムを読んで、榎枝がイギリスでも日本の古い体育会系ともいえる弟子との接し方を維持していたことにやや戸惑いを感じたが、弟子たちへの愛情と彼の揺るぎない空手スタイルを垣間見た気がする。

世界のどこでも、「日本の武道とはこういうもんだ。日本の流儀でやる。俺流でやる。もちろん、俺はお前たちを愛している」と。

もっとも恐れられ、愛された空手家

イギリスでの弟子のひとりであるルシーナさんは、師範の竹内正（元ＪＫＡリオデジャネイロ指導員）に、「一九六〇年代でもっとも怖い空手家はだれか？」と尋ねた。返ってきた答えは、「タイガー・エノエダ」である。初期の弟子のひとりも、「すごい気合で、とにかく怖かった」とFacebookなどで語っている。

彼が二〇代ですでに「虎」と命名されていた理由は、全身全霊で稽古する姿、妥協を許さない姿勢、そして相手を追い込んでいくはげしい組手スタイルであろう。彼は外国でも「ＫＩＡＩ（気合い）！」を連発して弟子たちを鼓舞していたが、弟子たちは畏怖しつつも、それを愛情ととらえて敬愛している。

腹の底から野太い声で気合いを出しながら全身全霊の迫力で指導するタイガー・エノエダの姿は、多くの映像で確認できる。彼が道場にいるだけで漂う緊張感は、まさに「虎の穴」だ。それは戦後の民主主義を築いた西洋社会が忘れ去ったものでもあったからだ。

一方、いちど道場を離れると、彼はとても気さくで優しく、多くの弟子が心から慕っていた。はげしい稽古のあとのパブでの楽

ロンドン・ソーホーのパブ　猛稽古のあとに榎枝が弟子たちと通った「オールドコーヒーハウス」。

しいひとときを、いまでも弟子たちはとても懐かしがる。「汗をかくとビールはじつに美味《うま》い」と、彼はよく語っていた。マーシャル・ストリート道場近くにいまでもある「Old Coffee House」が彼らの行きつけだった。

弁護士や新聞記者、警察官らを含め、職種を越えた彼の弟子たちは、師範を囲み、和気あいあいと人生を語り合った。だれにも真似できないすばらしいロンドン・ライフに乾杯！　である。

伝統を守るダイナミックな榎枝空手

榎枝空手の特徴は、松濤館《しょうとうかん》流の伝統を守る、直線的な技の鋭さとダイナミックなパワーだ。彼が繰り出す技は、腰を低くした基本に忠実な正攻法の空手である。講道館の柔道が「一本を取る」柔道なら、松濤館流の空手も「一本を取る」（一撃必殺）空手といえる。幸いにも彼の身長は一七五センチと、当時の日本人としては大柄なので、組手競技やその指導においてハンディキャップになることはない。

そもそも空手は、棒切れや刃物などの武器を持った相手を想定した護身的格闘術がもととなっている。そのため相手との至近距離での絡み合いは避ける必要があり、とくに松濤館流では、相手との距離を大きく取ったところからのスピーディーで鋭い「一撃必殺」の技が育まれてきた。

榎枝の直線的な突きは速く、鋭く、力強い。もともとリーチがあるうえに、肘《ひじ》と肩を上手に前に押し出すので、プラスアルファの距離も出る。その威力のほどは「ENOEDA, Kamae 2006, UK（DVD）」やSNSで確認できる。

一方、イギリスの弟子たちには、試合で有利となる早くて鋭い「刻み突き」をマスターさせ、多くの勝利を呼び込ませた。ボクシングでたとえれば、刻み突きは長いジャブ、といったところか。

彼の師匠である中山正敏《なかやままさとし》は、「榎枝の足払いはほかと違う。通常は相手の前足だけを外から払うのだが、彼は相手の前足と後足の両方を一度にバサッと刈り取ってしまう」と著書に記している。豪快な足払いが得意であったのは、榎枝は一七歳で柔道二段を取得していたことも影響しているだろう。柔道＋空手のダブル有段者は、現代の総合的武道者だ。

私はこの映像と写真を見て、「この両足払いの練習台だけにはなりたくない」と思った。

母国日本に勝つ――世界一の空手指導者へ

一九七一年JKAが取材した海外指導員インタビューで、若き榎枝は、「日本チームに勝てるようなイギリスチームをつくりたい。そういう選手を育てたい、それが私を育ててくれた日

夢の実現　世界一の空手チームをつくりあげた榎枝。

本への恩返しだ」と、力強く語る情熱家だ。その後、日本の民放テレビのインタビューでも、「イギリスで育てた弟子のひとりが世界一になったら本望」と語っていて、彼の第二の故郷となったイギリスへの想いは強い。

結局、榎枝はイギリスで指導をはじめて六年目の一九七二年、パリで行われた第二回世界空手道選手権大会で、外国勢としてははじめて日本を破って、イギリスチームを男子団体組手戦三位に入賞させた。男子個人組手ではヒギンズ選手が準優勝し、世界の空手界にイギリスありを強く印象づけた。

一九七五年にＪＫＡがはじめて開いたロサンゼルスでの第一回世界空手道選手権大会（世界アマチュア空手連盟：ＩＡＫＦ）では、男子個人組手でヒギンズ選手が第三位に入賞した。その後、一九九〇年にイギリスのサンダーランドで行われた世界大会の男子団体組手戦では、熱狂的な観客の声援のなか、日本を見事に倒して優勝した。日本を倒して優勝する、という榎枝の夢がかなったのだ。

決勝戦のコートすぐ横中央で腕組みをしてドンと構えて座る彼の貫禄ある姿は、まさに世界一の空手家を感じさせる。そして、彼が優勝メンバー一人ひとりに笑顔で金メダルをかける勇姿は、いまでもＳＮＳで見ることができるすばらしい光景である。

それ以外にもイギリスチームは、ＪＫＡ欧州選手権で幾度も栄光を勝ち取っている。榎枝慶之輔は、「日本一の空手家」から「世界一の空手指導者」になったのだ。

道場内は治外法権

スポーツは、原則として安全第一主義であるはずだが、多くのスポーツは危険と背中合わせだ。とくに鋭い技が交錯する格闘技は熾烈《しれつ》だ。道場は武道者にとって聖域であるが、ある意味では治外法権の場でもあるからだ。

伝統派空手は組手のルールが「寸止め」ではあるが、実際には練習でも試合でも突きや蹴りが思いっきり身体に当たってしまうことはたびたびある。お互い当てないようにやろう、と気の弱いことは競技者同士では言いにくい。いったん道着を身につければ、気の弱さや気後れは格闘技では最大の弱点となるからだ。指導者が注意させるしかない。

組手では強打されたことによる脳震盪《のうしんとう》・顔面や体幹・四肢の打撲・挫傷、骨折、出血、眼底骨折、網膜剥離《もうまくはくり》などの危険度が高く、まれに死に直面することもありうる。以前は試合でもボクシングのようにマウスピースなどしなかったので、試合中に歯が折れることはめずらしいことではなかった。

昔の道場は鼻血や口からの出血によるシミで床が汚れていた。一九八〇年代に入っても、大学空手道部の強豪校では組手の特訓で肋骨が二、三本折れて一人前と言われていたことを思い出す。稽古中に歯が数本折れることくらい、日常茶飯事だったのだ。

空手のスポーツ化

パンドラの箱は開けられた

空手は長い間秘技とされた唐手にルーツをもつが、形を中心とした個人的な練磨から技が発展し、高度化していった。つまり、前後左右に敵を仮想して組み立てられたのが形であり、「空手は形にはじまり、形に終わる」といわれる。現存する形は、空手の先人・名人たちが心血を注いでつくり上げた傑作である。

東京2020オリンピックでは男女の個人形が行われ、形のすばらしさを感じた人も多いのではないだろうか。ちなみに、あまり知られていないが、柔道にも二人で行う「形」があり、昇段審査の項目にもなっている。空手の形競技への人気を意識したのか、一九九七年から柔道も形競技の選手権大会が行われるようになっている。

それに対して、一対一で攻防を行う競技が組手である。組手の原型は、相対した相手と規定された基本技の攻防を行う形式（約束組手）で、唐手といわれた古い時代から存在したようだ。その後、一九三二年ごろから本土の大学空手道部間で、約束組手のフリースタイル版といえる自由な組手が行われるようになった。それは、一九三六年日本空手道学生発会記念の演武会の際に、正式に「自由組手」と呼ばれるようになり、相手の直前で技を止める「寸止め」ルールが規定された。

この組手競技の発展は、空手が世界に広がっていくスポーツ化の要因となり、オリンピック競技の種目化へと上りつく。東京２０２０オリンピックでは、男女とも体重別三回級の個人組手試合が行われた。かなり前から、空手という武道のスポーツ化に対する批判はあったが、これは柔道がたどってきた道と一緒であろう。

本来の空手がもっている護身的格闘術としての意義を理解した上で、私はもう「パンドラの箱は開けられた」と思っている。

青い柔道着

もともと空手は、護身術として創案された武術であるので、基本的にスポーツ化にはむずかしい面がある。つまり、空手道の本質は護身的技を練磨することであり、それは理にかなった技を、目標とする部位へ最短に最大限の衝撃力で爆発させることだ。それを「極《きわ》め」という。「極め」を有しながら、相手に当たる寸前に止める技術を「寸止め」と呼び、これを規定としたのが「伝統派空手」である。

空手の本来の姿を維持したまま、身体への安全性を考慮した場合、「寸止め」ルールを遵守《じゅんしゅ》するしかなく、今回の東京２０２０五輪もその方式で行われた。柔道を国際的スポーツに牽引したのは、日本ではなく欧州、とくにフランスである。昔の柔道を知る日本人には未だに違和感が拭《ぬぐ》えない「青い柔道着」を発案し認可させたのは、東京１９６４五輪の柔道無差別級の金メダリスト、アントン・ヘーシンクである。彼は青い柔道着を推奨した理由を、「見る人に分かりやすく、審判の誤審も防げる」とドライに語っている。

近代武道で段位制を取り入れたのは講道館柔道が嚆矢《こうし》とされるが、最初に柔道の帯のカラー化による区別（色帯）を提案したのは、日本の武徳会だ（一九〇六年）。どうしても道着の色で二者を区別したいのなら、白に対して薄い青（水色）で十分識別可能のではないかと私は思うのだが、海外からは水色では中途半端だ、とにべもない返事が返ってくるだろう。

柔道着のカラー化に成功してイニシアチブを取った西洋の合理主義は、空手にも及んだ。最大組織のＷＫＦは「寸止め」ルールをベースに、青か赤のグローブ／プロテクターを競技者の両手と両足に着けさせることによって、安全性の向上のみならず、繰り出された技の識別が容易となるようルール改正を行った。しかし、手足にグローブやプロテクターをつけるとボクシングやキックボクシング、さらにはテッコンドーに格闘スタイルが似てくるため、本来空手がもっているシンプルな力強さや技の美しさを損《そこ》なう可能性も指摘されている。今後の改善策が必要であろう。

国際化の動き――「突き」より「蹴り」

伝統的に空手の真髄は「突き」にあり、多くの先人たちから「空手は突きにはじまり、突きに終わる」と語り継がれてきた。その理由として、四肢を使った人間の肉体運動では、まず「手」の活用、次に「足」の順である。だから「手足」というし、その逆の「足手」とはいわない。また、蹴りより突きのほうがスペースを取らず、稽古しやすい点もある。

一方、西洋では考え方はやや異なる。西洋社会はパワー（機械化）と合理主義をモットーに、この近代文明を築き上げた。その揺るぎないポリシーは多くのスポーツを国際化に導き、それは日本の武道にまで及んだ。つまり、西洋での考え方では、力学的にも蹴りは突きの三倍の威力があることはとっくに証明されているのだから、なぜ突きより威力があり距離も出る蹴りを重要視しないのか、という発想になる。

そして、それはすぐにでも競技において反映する必要があり、突きより蹴りのポイントを高くするべきだ、という新しい考え方につながった。結局、二〇〇〇年にＷＫＦは組手競技のルー

プレミアムリーグ（KARATE 1）での組手競技　もともと空手は板張りの床の上で行われていたが、国際化の進展とともに、マットの上での試合となった。転倒した際のダメージを極力抑えるための安全策である。福岡。2023年

ルを改訂し、一本からポイント制に移行、上段蹴りや倒し技のポイントを突きの三倍、としたのだ。

この急激なルール改正によって試合技術も大きく変化、競技者は蹴り技を狙うのでテコンドーに近い形になってしまった。さらに倒し技を得点事項としたため、床は板張りではなくマットを敷くという状況に、現状をよく知らない私は、やや首を傾《かし》げる。私は板張りの道場以外では稽古をしたことがないからだ。

そうなれば、どうしても足が長い外国人の方が有利となり、世界大会の組手で日本人がメダルを取ることはむずかしくなっている。二〇二三年、WKFの国際大会である「KARATE 1プレミアリーグ」が私の地元である福岡市で開催されたのだが、組手競技では明らかに蹴りが勝敗を左右していた。ただ、女子は男子より体格の個体差が小さいためか、男子より健闘した結果が出た。

オリンピックへの道のり

じつは最初の東京五輪（一九六四年）の際も、空手はＪＫＡが中心になって競技化を目指して組織づくりを急いだ経歴がある。しかし、当時のＪＯＣは柔道を日本の武道初のオリンピック競技としてＩＯＣに承認させせることで一杯一杯、当然、ほかの武道のことまで手が回らない。

実際に、柔道は次のメキシコ五輪（一九六八年）では競技から除外された。

しかし、その後国際柔道連盟のイギリス人会長チャールズ・パーマーが競技階級を増やし、新たな審判規定を作成することによって猛烈な運動を展開、一九七二年のミュンヘン五輪から柔道を復活させることに成功したのだ。

パーマーはイギリスに武道会を創立した小泉軍治の弟子で、来日して講道館で研修を行った日本通である。柔道は空手より約半世紀前から海外進出をしていたわけで、やはり何事もある程度の助走期間は必要なのであろう。

その後、柔道につづけとばかりにＪＫＦがリーダーシップをとり、ＷＫＦの前身である世界空手連合（ＷＵＫＯ）が一九八五年にＩＯＣ公認国際競技団体として承認された。そして、長すぎるほどのロビー活動がやっと結実し、二〇一六年ブラジルのリオデジャネイロで開かれたＩＯＣ総会で、空手が開催都市提案として東京２０２０オリンピックの追加競技となることが承認されたのだ。それによって、組手競技の規定が「寸止め」に決定したため、伝統派空手のＪＫＦからコンタクト空手の主軸団体である「極真会館」への指導者派遣への取り組みが行なわれた。

現在は、ＷＵＫＯを母体として発展した伝統派空手のＷＫＦがＩＯＣに加盟しており、スペインのマドリードに本部を構える。ＷＫＦは国際的空手競技団体としてはもっとも組織化されていて、世界約二〇〇か国の国内競技連盟が加盟している。ＷＫＦの事務総長には二〇一四年から慶應義塾大学空手道部ＯＢの奈藏稔久《なぐらとしひさ》が就任しており、ＪＫＦ会長の笹川尭《ささがわたかし》とともに空手の東京２０２０五輪の競技種目化採用に、歴史に残る貢献を果たした。

ＷＫＦは、世界空手道選手権大会（偶数年）、ワールドゲームズ（夏季五輪の翌年）、プレミアリーグ（KARATE1）（年六回）など多数の大会を定期開催しているので、今後空手のオリンピック復活に期待したい。一方、フルコンタクト派空手団体も、別途にオリンピック種目化を目指している状況にある。

空手スポーツ化を先駆けた岡崎照幸氏

榎枝慶之輔が空手の道に入るきっかけとなったのは、郷里・直方《のおがた》の先輩である入江《いりえ》敏夫《としお》と岡崎照幸《おかざきてるゆき》の影響である。

岡崎は拓大空手道部で主将を務めた後、ＪＫＡ創成期より本部道場指導員として空手道の普及に努めた。

一九五四年、タイを中心に東南アジアにて初の空手指導。一九五六年、中山首席師範に協力して空手のスポーツ化に挑み、松濤館《しょうとうかん》空手トレーニングプログラムを再構築し、はじめての空手研修制度を設立した。

その後、長期海外指導の要請を受け、一九六一年に渡米。半年間の滞在の予定であったが、現地からの継続指導の要望が強く、フィラデルフィアを中心に空手を普及した。コ

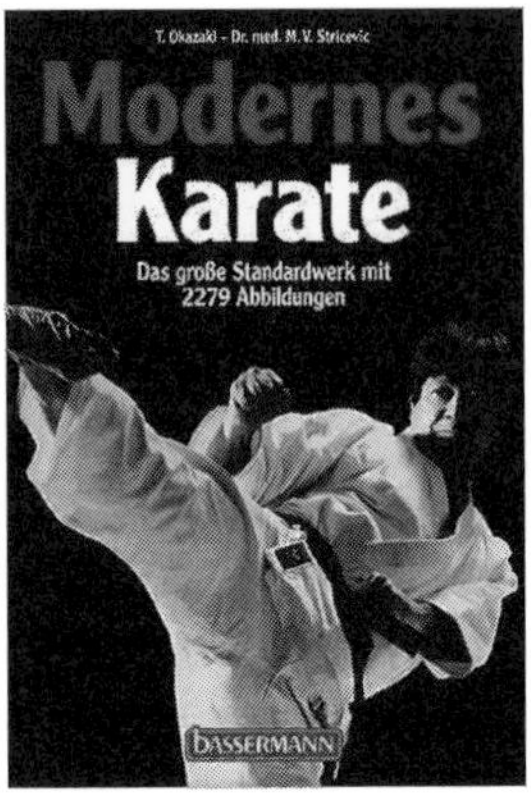

『Modernes Karate』　米国総師範・岡崎照幸執筆の空手指導書。ドイツ語版。2000年

COLUMN

ロンビア大学やドレクセル大学、ウェスト・チェスター大学、トーマス・ジェファーソン大学、そしてテンプル大学で講師を務めるとともに、榎枝を含めた多くの日本人指導員を米国に招いて定期的に空手セミナーを開催した。

米国以外にもカナダと中米諸国の主任指導員を務めた歴史に残る功労者で、空手道が世界に広まる礎を築いた情熱家であった。

米国の空手人気は男女ともに高く、一九八〇年代には『Black Belt』と『Karate

岡崎照幸（1931 ～ 2020）　アメリカ合衆国で活躍した日本の空手家。福岡県直方市出身。上は、追悼式の案内ポスター。

COLUMN

Illustrated』という二つの空手専門誌が発刊されていた。彼は空手指導の集大成として一九七七年に国際松濤館連盟を創立したが、二〇二〇年、新コロナ感染症による肺炎のため、同地で鬼籍に入った。享年八八。

生前の彼がよく語っていたのは、「黒帯の試験に一度や二度落ちても落胆するな。空手はテクニックだけではない。それに向かう姿勢がもっとも大事なのだ」と。さらに実践的な心構えとして、「空手は一撃必殺を信条とする護身術であるので、もし複数の敵に囲まれたら、一人づつ確実に倒さないといけない」と語っていた。（『フィラデルフィア・インクワイアー』誌、二〇二四年六月九日）

第九章

星になったタイガー

不測の病

シングル・ファーザーが巡り合った空手の道

イギリスのジャクソンズ・レーン松濤館カラテクラブの現在の館長であるジョン・ロビンズ六段は、榎枝らが立ち上げたマンチェスター近郊の町ストックポートの道場ではじめて空手に出会った。彼は当時を語る。

三六歳のとき、自分は四歳の息子を抱えながらシングル・ファーザーで無職という、とてもきびしい状況だった。この道場で出会ったマスター　エノエダからの指導が、自分と息子の人生に強い力を与えてくれた。

ハードであるが情熱的で心優しい稽古の積み重ねが、人生に絶望しかけたロビンズの精神力を養ったのだった。

欧州の子どもに人気が高い柔道と空手

二〇〇〇年に私がイギリス留学中に感じたのは、ヨーロッパの少年少女たちは日本の文化に強い関心をもっているということだ。当時はポケモンが信じられないくらいヨーロッパの子どもたちに人気だった。

何かの役に立つかな、と我々家族がもっていった、まだ日本でしか発売されていない新種のポケモンカードを目の当たりにしたイギリスの子どもたちはみな、目をまん丸くして興奮していた。そして自分たち（イギリスの子どもたち）が持っている古いポケモンカードを、我々の新しいカードと交換（スワップと言う）できないか、と子どもの両親からよく頼まれた。欲しいとか譲ってくれと言わないのが、いかにも紳士淑女の国イギリスだと思った。

ポケモンの次にくる人気の日本語は、「カラテ」「ジュードウ」「ニンジャ」「サムライ」だった。

このようなヨーロッパの武道人気を支えているのは、それぞれの国がつくり上げてきたしっかりとした指導体制にある。たとえば、柔道人口（登録者数）が六〇万人と日本の四倍も高いフランスでは、柔道は主に地域クラブで行われていて、クラブ経営は職業的に成り立つ。

指導者になるには、国家資格制度を取っていて、なおかつ一二〇〇時間の講習の受講に加えて、柔道の歴史や展開、技術理論と指導法、さらにはそれぞれの柔道観を説明することが要求されるという厳格さだ。ドイツにも体系化された少年育成プログラムが存在する。武道人口が年々減少する本家日本では、このような海外の取り組みを参考にする必要があるだろう。

帰国

礼子夫人の話によると、榎枝は元来とても身体が丈夫で病気ひとつしたことがなかった。イギリスでもとくにがん検診などは受けていなかったというが、イギリスでは日本ほど胃がんは多くないので、胃がん検診をルーチンに行わない施設も多い。

しかし、二〇〇二年ごろから上腹部の不調を訴えるようになり、現地で検査した結果は胃がんであった。イギリスと日本のどちらで治療するか悩んだが、周囲からの勧めもあり、胃がんの治療実績が豊富な母国日本で受けることを決断し帰国した。

そして東京のがん専門病院で胃がんの手術を受けたのだが、予測以上にがんは進行していた。病状は回復することはなく、手術三か月後の二〇〇三年三月二九日、鬼籍に入った。享年六七歳であった。そして同年四月一二日に、榎枝家・JKA・拓空会（拓殖大学空手道部OB会）の合同葬が、四谷の法蔵寺《ほうぞうじ》にてしめやかに執り行なわれ、国内外から大勢参列され、タイガー

榎枝慶之輔の葬儀　榎枝家、（社）日本空手協会、拓空会（拓殖大学空手道部OB会）の合同葬。東京・四谷の法蔵寺にて。2003年4月12日

の死を惜しんだ。

榎枝と同じ九州出身の空手家で、本部指導員となり第二回世界大会（ＩＡＫＦ）でも活躍した田畑祐吉《たばたゆうきち》も盟友のひとりだ。彼は大学の六級先輩でもある榎枝をとても慕っていた。榎枝が病気治療のため帰国した際、入院した東京の病院で病状が悪化して体が痩せ細るなか、田畑は特別に面会が許された。最後に「また福岡に行くからな」と榎枝が声を絞りだしたときには、田畑は涙が止まらなかったという。

　田畑祐吉は身長一八九センチのがっしりとした体格でありながら、速射砲のような突きをもつ希有な空手家である。彼はメキシコや台湾でも指導を行い、榎枝からイギリスでの指導に幾度も呼ばれた。地元の九州地区ではＪＫＡの本部長を務められたが、榎枝と面会した直後の二〇〇三年三月七日に海を隔てた台湾で天に召された。

　榎枝礼子夫人は、「夫は最後まで愛するイギリスに帰りたがっていた。そして、身体はがんに侵食されているのに、病

床でいちども痛いと言わず、最後の言葉は、最愛の家族に向かって〝大丈夫、大丈夫であった〟。絶対に弱音を吐かない、榎枝慶之輔らしいサムライのような最後だった。榎枝は生前での功績が讃えられてJKA九段位に認定（第八号）され、「空手一筋」の人生の幕を閉じた。

タイガーへの追慕

ロンドンでの盛大な追悼式

二〇〇三年四月九日、榎枝首席師範主催の全英空手セミナーが毎年行われた想い出の地クリスタルパレスを貸し切って、彼の追悼式が行われた。招待状は流派を問わず長年の関係者と高段者のみに出されたが、追悼者が英国各地からぞくぞくと集まった。事前に把握した人だけでも一〇〇〇人以上が参列し、大きなクリスタルパレスの会場が鮨《すし》詰《づ》め状態となった。

大ホール前方の中央に榎枝の大きな写真と花束が飾られた。一般参列者は、ホールを見下ろす大通路やその周辺だけの入場が許可されたが、その数は数百名に達した。大ホールに隣接する中小のホールにもさまざまな写真やビデオが設置され、式後も礼拝者の列は終日つづき、まるで国葬のような空気に包まれた。

参列者は榎枝との思い出の数々と触れ合いながら、昔の仲間たちとの再会を含めて、会場は涙と笑い、そして懐かしさであふれた。榎枝は空手に出会った拓大の建学精神である「海外雄飛し、地の塩となってその地に奉仕せよ」を、まさにイギリスで体現した男となった。

同日、イギリスの高級紙（新聞）『タイムズ』は、エノエダの追悼記事を掲載した。

追悼式で大泣きする弟子のデイブとテリー

数多くの弟子たちが集まって故人を偲んだが、そのなかで人目をはばからずに号泣するものがいた。ロンドン生まれの床屋、デイブ・ハザードだ。彼はブラックフライアー道場時代からの長年の弟子である。小柄だが喧嘩がめっぽう強い一匹狼で、ロンドン東部の不良労働者（いわゆるゴロツキ連中）のボス的存在だった。

彼がたまたま興味本意で覗《のぞ》いたブラックフライアー道場で榎枝から呼び込まれ、連日のように徹底的にしごかれたことで一人前の人間になれたという。榎枝を慕う気持ちはだれよりも強い。彼はいまでも、榎枝の誕生日には帰国した礼子夫人に毎年祝電を欠かさない。

もうひとり追悼式で号泣した弟子がいる。全英選手権を得意の蹴りで何度ももぎ取った元代表選手のテリー・オニールだ。猛稽古が語り草になっているリバプール時代からの弟子なので、根性が座っている。彼はカラテマガジンで生計を立てていたが、夜はナイトクラブの用心棒をしていた強者だ。時に不良客への対応が過激すぎて、何度も留置場に入ったという大男が声をあげて泣いていた。

空手界の大功労者

元英国ソニーの販売部長、ソニー宣伝部次長で、ウオークマンの世界的ブランディングに貢献した植山《うえやま》周一郎《しゅういちろう》は榎枝の無二の親友であった。植山は榎枝のことを「空手界の大功労者」と語る。その出会いは一九七〇年、ロンドンでのジャパン・フェスティバルでの会場に遡る。会場内のソニーの出展コーナーで大きな声（英語）で自社製品を宣伝する植山に、隣のブースに

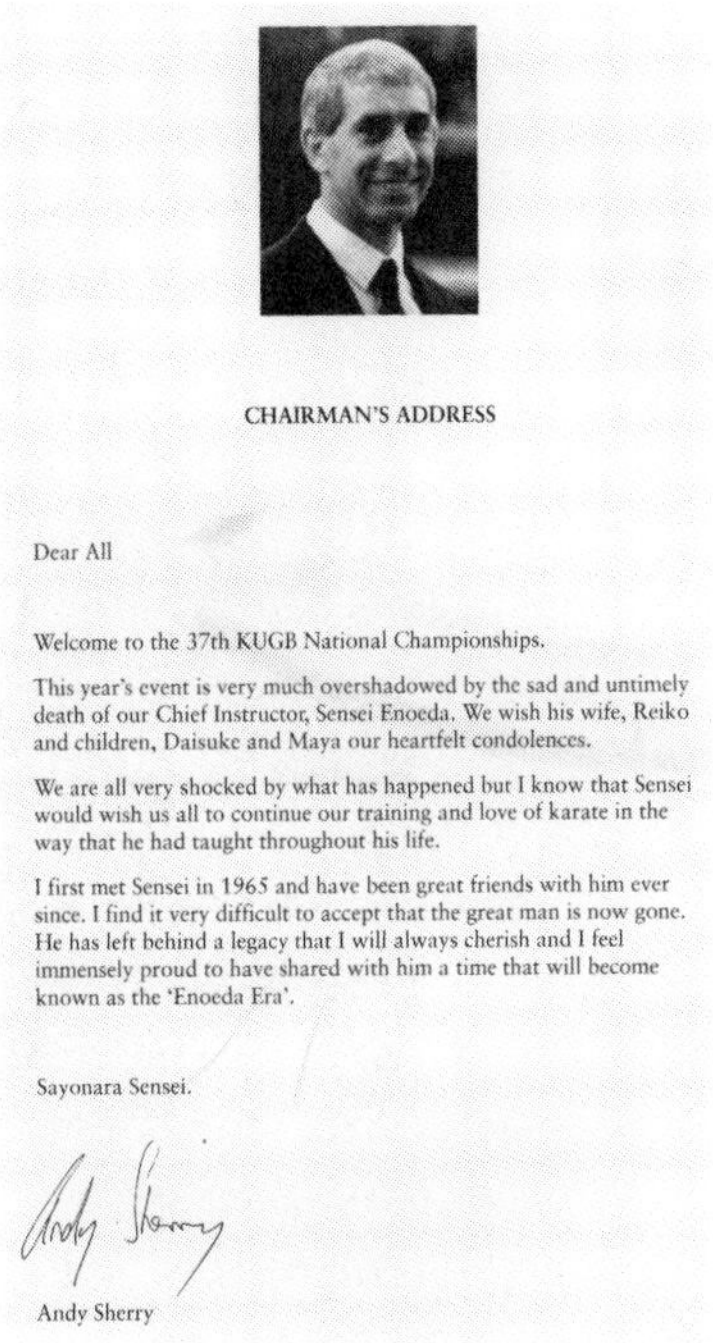

CHAIRMAN'S ADDRESS

Dear All

Welcome to the 37th KUGB National Championships.

This year's event is very much overshadowed by the sad and untimely death of our Chief Instructor, Sensei Enoeda. We wish his wife, Reiko and children, Daisuke and Maya our heartfelt condolences.

We are all very shocked by what has happened but I know that Sensei would wish us all to continue our training and love of karate in the way that he had taught throughout his life.

I first met Sensei in 1965 and have been great friends with him ever since. I find it very difficult to accept that the great man is now gone. He has left behind a legacy that I will always cherish and I feel immensely proud to have shared with him a time that will become known as the 'Enoeda Era'.

Sayonara Sensei.

Andy Sherry

Andy Sherry

イギリス空手界の追悼文　KUGBは榎枝がイギリスで指導した37年間を「エノエダ時代」と称し、最大限の追悼の意を表した。

いた榎枝夫人の礼子が驚いて話しかけたからだ。

植山はマーガレット・サッチャー元首相と懇意で、彼を通さないと日本人は彼女とアポイントが取れなかった。植山のブログにはこう書かれていた。

永遠の友、榎枝慶之輔。My eternal friend, Keinosuke。「榎枝慶之輔は空手の世界チャンピオンであると同時に僕の無二の親友でした。「慶さん」「周さん」と呼びあう仲でした。慶さんは長年ロンドンに住んでいて、ヨーロッパで空手を広めることに貢献されました。

ゴルフで友好を深めた植山氏と榎枝
1996年、米国ロサンゼルスのLA カントリークラブにて（上）。よくラウンドしたロンドン郊外の名門ウエントワース・ゴルフクラブ（下）。

家族ぐるみのお付き合いをさせていただき、とくに彼とのゴルフはじつに楽しかった。ロンドンの名門ゴルフ場を二人だけで毎日三ラウンド、五日間連続、合計一五ラウンドしたのは圧巻でした。大西洋を飛んでアメリカのロサンゼルスでもハードラウンドをこなした。しかし、残念ながら、彼は数年前にガンで他界されました。その一か月程後に、僕が東京の八重洲ブックセンターで講演中に、彼の魂が僕の回りに来たのを感じて、涙が出てきて講演を一時停止せざるをえなくなりました。彼が別れを告げにきたのでしょう。

榎枝夫人（左から2人目）**を中心に**　植山夫妻と筆者（右端）と娘。東京・恵比寿ルコックにて。2023年秋

二人がラウンドしたイギリス近郊の名門クラブは、世界マッチプレー選手権の舞台だったウエントワース・ゴルフクラブ、アスコット競馬場近くの全英女子オープンが開催されたサニングデール・ゴルフクラブとバークシャー・ゴルフクラブ、元ビートルズのジョージ・ハリソン邸近くのセントジョージズヒル・ゴルフクラブ、その隣の石楠花《しゃくなげ》が美しいニュージーランド・ゴルフクラブ、大西洋を渡ってロサンゼルスのLAカントリークラブなどだ。

また、テレビで人気があるエンターティナーのジミー・ターバックとは、自宅近くのクームビーヒル・ゴルフクラブの会員同士で、一緒にラウンドしたあとにバーでよくビールを飲んだ。二〇二三年秋、私も本書執筆にあたって、植山ご夫妻と榎枝夫人と東京恵比寿のフランス料理ル・コックで感激の初対面を果たし、皆様の純なパワーに圧倒された。

いまでもつづく熱烈なるラブコール

イギリスで榎枝が指導した弟子たちは順調に育ち、現在ＪＫＡ八段という高段者が三名いる。彼らが恩師榎枝への尊敬の念を絶やすことなくもちつづけていることはＫＵＧＢが二〇〇六年に作成した追悼ＤＶＤ『ENOEDA』や Facebook の「Enoeda Sensei Remenbered」などのサイトを閲覧すればよくわかる。

それらのインタビューやコメントでは、彼の指導者としての技量への厚い信頼だけでなく、彼の豊かな人間性を讃えている。榎枝のユーモアのセンスやユニークなキャラクターが語られていて、読んでいてとても微笑《ほほえ》ましい。

終章
勝負を支配する「間」

スポーツは「間」がすべて

「間合い」とは何か

武道では「座を見る、機を見る」ことが大切だといわれる。「座を見る」とは適切な位置取りをすることで、「機を見る」とは適切な頃合《ころあ》いを見計らうということである。つまり、空間的かつ時間的な間《ま》の取り方が武道の真髄であろう。武道だけでなく、多くのスポーツでも「間」を制するものが勝負を制すといわれる。

「間」と類義語の「間合い」という言葉は剣術から生まれた語で、相手がその場で打ってきても当たらない距離のことを指す。つまり、空間的に安全な「間」だ。相手との体格差や技の速度、瞬発力やテンポに違いがあるので、はじめての対戦では「間合い」の取り方に細心の注意が払われる。自分有利な「間合い」を探り求める上級者同士の「睨み合い」は、剣術の醍醐味である。

「廻し蹴り」の発案者といわれる元ＪＫＡ次席師範の宮田実は、間合いの理想を「相手から遠く、自分から近く」とし、このような感覚を稽古で体得することが大切と語っている。非常に奥が深い言葉である。一方、時間的な間（間合い）の取り方というのは、技を繰り出すタイミングそのものであるが、その源は「呼吸」であろう。

また、和道流《わどうりゅう》空手を国際的に有名にした元全日本覇者で第六回世界大会の無差別級組手でも優勝した村瀬《むらせ》一三生《ひさお》は、「相手の間合いを殺す」という表現をしている。つまり自分有利の間合いにするため、スッと相手との距離を詰めていくことで相手をコントロールしていくという意味であろう。

空手は「間」がすべて

当然ながら、空手は手足が長いのが組手の試合には有利とされてきたが、数年前ある小柄な外国人選手が世界を制覇して空手関係者をアッと驚かせた。その選手とはアゼルバイジャン共和国のスーパースターである松濤館流《しょうとうかんりゅう》のラファエル・アガイエフだ。彼は身長一六五センチの小兵ながら、相手との上下左右のスペースに抜群のセンスで間の取り方をする。そして小柄な身体を生かし、類稀《たぐいまれ》なる瞬発力で相手の懐に入りこむのだ。

彼の戦いぶりを見て、身体の小さな日本人が先に到達しておくべき戦法・戦術だったかな、と元空手家である私は感じた。これも十分に国際化した空手の進化形のひとつなのであろう。空手は今後、前回の東京2020オリンピックを足場にして国際的競技種目としての統一が成されていくと期待されるが、もともとスポーツと武道との線引きはじつにむずかしい。空手界がたどったこれまでの経緯と変遷からみても、組織がより分散し個別化していく危険性も潜《ひそ》んでいる。

ブルース・リーの名言「考えるな、感じろ！」

一九七二年ごろから数年間、ブルース・リー主演のカンフー映画が世界中で大流行した。彼は身長約一六五センチと小柄な身体をバネのように使った蹴り技と、ヒュンヒュンと鳴る武具ヌンチャクの風切り音は、素手が主体であった当時の空手にはない鮮烈な驚きを与えた。ヌンチャクやそれを模倣した玩具は飛ぶように売れ、それらを振り回して頭にタンコブや切り傷をつくった男の子は相当な数にのぼった。

じつは、彼が世界に広めたヌンチャクはもともと琉球古武道の武具のひとつで、そのようなマイナーな武具に目を付けたブルース・リーの着眼点がすばらしい。人気絶頂期にあったブルース・リーの謎の死はその魅力を永久凍結のものとしたが、生前の彼がよく言っていた言葉が非常に刺激的だ。それは、「考えるな、感じろ！」であり、まさに勝負ありのひと言である。

剣豪・宮本武蔵から放たれるオーラ

「あの人にはオーラがある」とか、「オーラが出ている」などの言葉は主観的で実体性のないものであるが、だれしもが幾度かは使ったことがあるセリフであろう。オーラという言葉には相手の興味を一瞬引き付ける強烈なインパクトがあるようだ。しかし、オーラの科学的根拠はまったく証明されていない。

人間が感ずるオーラとは何なのであろうか？　私は幼少時から、父が自宅横に開いた武道場で空手の稽古をやっていたせいか、人と向かい合ったときの相手から発散される気合い（非常に微弱な気流や波動的エネルギー？）みたいなものに敏感なほうで、その正体を探索してきた。武道や格闘技的なスポーツでは、そういった非科学的エネルギーを感ずることは大事なことで、剣豪・宮本武蔵《みやもとむさし》も二刀流の独特のオーラを発散していたようである。

ただ、彼は風呂に入らなかったため、髪がボサボサ、皮膚は垢《あか》だらけで、ものすごい臭気が周囲に漂っていたという話は有名である。それがまた奇妙に武蔵のオーラを増幅させていたのかもしれない。事実として、彼は気合いだけで人を失神させたこともあったという剣術の真の求道者であった。

また、武蔵はこうも語っている。「剣術に極意《ごくい》などない。あるのは鍛錬、修練、そして鍛錬のみ」と。

天才打者・長嶋茂雄の超越した野性の勘

近代の一流のプロ野球選手の談話からも、オーラとかものすごい気合いとかそういったエピソードはよく聞こえてくる。

たとえば、真剣を用いた居合い抜きの特訓で打撃の極意を体得した元巨人の王貞治の鋭い眼光は、宮本武蔵や佐々木小次郎といった超一流の剣豪もたじろぐような気合いそのものであろう。打席内でバットを構えた立ち姿からものすごいオーラが放たれていたであろうことは、当時対戦した投手の数々の談話からも推察できる。

元中日ドラゴンズの坂東英二も、王が打席内から鋭い眼光で投手を睨《にら》みつける気迫には、マウンド上で身体がガタガタと震えたという。それは打撃の研鑽《けんさん》をきわめた打者のありえないほどの集中力がもたらす正体不明のエネルギーである。

一方、逆説もある。日本シリーズでの巨人の長嶋茂雄に対する元西鉄ライオンズの稲尾和久や元南海ホークスの野村克也の談話がとても興味深い。ルーキーのころの長嶋茂雄との対戦において、二人とも別々に同じようなことを話している。「打席内での長嶋からは不思議に何もオーラが出てなかった」と。さらに、いつも辛口の分析家であった野村は「長嶋は何も考えずに打席に立っているのではないか」と評した。そして稲尾は、こう付け加えている。「日本シリーズでの初対戦のとき、長嶋は打席に入って、ボーッと立っているだけ」。

しかし、当時、長嶋茂雄は新人とはいえあれだけの強打者であり、実際に入団一年目で二冠王を取っているスーパースターなわけで、ボーッと立っているはずはない。私の推論は、長嶋は何も考えずに打席に立っているのではなく、ここぞという対戦のときには、あえてそのオーラ（鋭い気配）を消していたのではないかということだ。

つまり、野生の猛獣が草食動物を本気で襲おうとする際に、風下に身を潜めてその気配を必死で消そうとするのと似た本能ではないか。とくに初対戦は手探りなので、相手を一瞬油断させる、迷いに入れることも剣法や兵法のひとつである。きわめて野性的といわれた長嶋茂雄という不世出の打撃の天才は、それを本能だけでやってのけるところがすごいとしかいいようがない。

宮本武蔵と長嶋茂雄との共通点

私には、宮本武蔵と長嶋茂雄という時代を超えた野性型天才剣士と打者がなんとなくだぶって見えてしまう。

実際に、二人の体格もほぼ同等で江戸と昭和の違いはあるにしろ、ともに一八〇センチちかい大男である。二人は練習方法も似ていて、宮本武蔵は森の中で複数の敵を仮想したすさまじいひとり稽古、かたや長嶋茂雄も自宅地下の特製のトレーニング室でお付きの記者相手に怒声や奇声（いわゆるナガシマ語）を発しながらの明け方までつづく素振りである。実際に、長嶋は素振りのブンという音を耳でチェックさせるためだけに、なじみの記者を頻繁につき合わせていた。さらにユニークなのは愛弟子松井秀喜とのエピソードだ。大リーグのニューヨーク・ヤンキースに移籍した松井が打撃不調に陥った際、長嶋はいてもたってもいられず、彼の携帯電話に日本から国際電話をかけ、松井に素振りをさせたのだ。携帯電話のすぐ横で、松井は長嶋の「ヨシ、ＯＫ！」という言葉が出るまでバットを振り続けたという。

結局、稲尾と長嶋の日本シリーズでの初対決では、稲尾は長嶋に勝負球のシュートを大きく弾き返され長打を打たれてしまった。じつは稲尾の勝負球は日本一の切れ味といわれたスライダーではなくシュートだったのだが、その勝負球をあえて新人の長嶋に狙われ、もののみごとに……。

王貞治と武道

「投手が全力で投げ込んできた球の縫い目が見える」。これは、三冠王二回、本塁打王一五回、打点王一三回、首位打者五回、ＭＶＰ九回を獲得し、通算八六八本という世界一の本塁打数を放った元巨人軍の王貞治の絶頂期の名言である。彼はホームランを打つことを目的とした打撃の極意を独自の練習法で体得した、世界的にも希有の打者である。彼の偉業は、今後も天空に瞬《また》く星のように永遠に光り輝くであろう。

他人がとうてい真似することができない、王貞治にしかできない一本足打法も、ある武道の練習から特別に編み出された。師であった荒川博打撃コーチが合気道の有段者だったことにより、王は合気道のみならず真剣を用いた居合い抜きによる特訓を、荒川邸の畳が擦《す》り減るまで連日マンツーマンで行った。それにより、もっともホームランになりやすい位置とされるボールの下1／3を狙って最短距離で一直線にバットを振り下ろす究極のダウンスイングをみごとに完成することができたのである。

日本の武道で鍛えた極限の集中力と特殊技術が、西欧のスポーツにおいても通用することを示した、長く語り継がれるであろうすばらしい師弟美談である。

「打撃の神様」といわれ、現役引退後に監督になってV9（九年連続プロ野球日本一）の偉業を達成した元巨人の川上哲治は、絶好調のときは「ボールが止まって見える」と後世に残る名言を吐いた。

最近では、日米のプロ野球で大活躍した松井秀喜は、「好調時にはボールがサッカーボールのように大きく見えた」と、これまた達人にしかわからない境地である。

レジェンドたちの不思議な感覚

野球は「間」が占めるスポーツ

小説家のねじめ正一も野球についておもしろい話をしている。「長嶋（茂雄）的野球信奉者」であることをずいぶん前から公言しているねじめは、「あの有名な長嶋さんのホームスチール（本塁への盗塁）も失敗はしたが、一瞬の間をついた野球ならではの醍醐味《だいごみ》があった」と追想している。そして野球は「間」のスポーツであり、その「間」に起こる瞬間的な劇に魅力がある、と彼は言う。

たしかに野球という球技には、あらゆる「間」が介在している。

・投手がボールを手に持ち、捕手からのサインを確認してボールを投げるまでのバッテリーだけに与えられている「間」

・監督やコーチが出すサインの「間」

・盗塁を試みようとする際の「間」
・みごとな放物線を描きながらホームランボールが観客席に落ちるまでの「間」
・選手や監督が「タイム！」と試合を一時的に中断できる権利をもつ「間」など。
まさに「間」の競技であるといえよう。

名打者はボールの振動をいち早くとらえている？

プロ野球の打者で名球会に入るような傑出した打撃記録を残した選手たちというのは、わかりやすく言えば、バットを振るスイングスピードが平均的打者よりもかなり速いとか、人並みはずれた鍛え上げた筋力をもち合わせている人たちであろう。俗にいう「抜群に運動神経が良い」とか、最近では「身体能力がずば抜けている」とかいった評価を受けている人たちだ。

しかし、彼らのなかにはそれだけでは評せない別の要素も備わっている選手もいるのではないか、と私は考えている。それは耳には聞こえないボールの振動を、いち早くとらえる能力である。振り下ろされた投手の手から唸《うな》りを上げて向かってくる豪速球から放たれる振動に対して、通常の打者よりわずか〇・五秒早く感知するだけで距離感がつかめ、振り遅れる確率は減るであろう。

好打者はボールをよけるのが上手なので死球が少なく、それが高打率につながっているともいわれる。これも、動体視力が良いだけでなく、身体の方に向かってくるボールの振動をいち早くとらえているから、早くよけることができるのかもしれない。

天災に関するイチロー秘話

日本では東北と能登での大震災、津波による福島原発事故、熊本や北海道の大地震、頻発する台風、そして毎年のように起こるゲリラ豪雨による洪水など、危機的災害が連発している。もちろん、地球温暖化による気候変動は喫緊《きつきん》の課題である。

一九九五年一月一七日午前五時四六分に起きた阪神・淡路大震災に被災したオリックス・ブルーウエーブの鈴木イチローが、当時たいへん興味深い話をしていたことを、私はいまでもはっきりと覚えている。

阪神・淡路大震災が発生した日、イチローは神戸市西区の選手寮で就寝中であった。そこに突然発生した大きな震動と張り裂けるような音の恐怖から、彼は一目散に部屋から飛び出し、寮の建物の外にある空き地に素早く移動した。すると、そこにはすでに数名の選手が地震から逃れて集まっていた。イチローとしては震動後いち早く部屋を飛び出してきたつもりなのに、すでに先人たちがいることにとても驚いたという。

このエピソードに、私の感性は震えた。そして、次のような疑問が湧《わ》いた。数十秒程度の違いではあるだろうが、この時間差は何を意味するのであろうか？　天才的な野球選手であるイチローの運動神経や身体能力、体感の完成度はほかの選手よりハイレベルであったはずだ。しかし、震動をイチローより早く感知していた選手がほかに数名いたということをどういうふうに解釈したらよいのか。

私は、次のような可能性が考えられると思う。

①震災時イチローはベッドで就寝中であったが、早く外に出たものはすでに起床していたから素早く動けた。

②先に出ていった選手たちの動物的勘、野性的な勘が、少なくともその日の朝においてはイチローのそれより優っていた。

③イチローは究極の努力型天才であって、長嶋のような動物的勘で活躍した選手ではなかった。

野生動物は地震や火山の噴火の前に地下振動をいち早く感知し、一斉に避難行動を取ることはよく知られている。つまり、動物は文明化された現代人よりも天災をいち早く検知する能力があることからして、イチローの真髄というのは天性の野球センスではなく、努力の積み重ねによってつくり上げられた精密機械のような、究極の技術体なのではないだろうか。

二〇一八年、四四歳になったイチローは古巣シアトル・マリナーズに迎えられたが、さすがに寄る年波には勝てず、翌二〇一九年、彼は静かにバットを置いた。イチローが残した偉業を支えたのは、だれも真似ることができない、創意工夫された絶えまないストイックなハードなトレーニングにあることに異論はないであろう。

大記録が生まれるときの「不思議な感覚」

私は以前から、さまざまなスポーツ競技で大記録や新記録が出たときに耳にする選手の談話に注目してきた。もちろん、新たな大記録が生み出される条件として、もって生まれた選手の運動神経、身体能力とセンスが基盤ではあるが、高いモチベーションを維持しつつ、日々の努力と創意工夫を重ねることが重要なのはいうまでもない。

しかし、私には彼ら（彼女ら）達成者のコメントを耳にした際、それだけではない不思議な力が彼らに加わっているような気がするのだ。まだ科学的に証明されていない何かが潜んでいる。

一瞬でもひるんだら負け

大相撲史上最大の幕内優勝回数（四四回）を誇るモンゴル国出身の元横綱白鵬は、絶えまない創意工夫の稽古と百戦錬磨の取り組みで完成された平成〜令和の大横綱だった。ハングリー精神と衰えぬ気力で、ケガなどの難局を乗りこえてきた。

だが、身体能力の衰えを悟られないために繰り出した立ち合いでの強いかち上げや、はげしい張り手に対する批判もじつに多かった。それ自体は横綱としての品格に欠けるが、まんまと張り手やかち上げをまともにくらって気合い負けしてしまう相手力士のほうにも問題がある。あまりにも情けない現代の日本人関取だなと感じた相撲ファンも少なくはなかったであろう。

格闘技は生身の身体を張った真剣勝負であるので、相手が横綱であろうと、とにかく、ひるんだら負け。一度ひるむと、相手は生涯優位に立ってしまう。格闘技をやる以上、地位の上下や年齢は関係なく、目をそらしたほうが負けなのだ。

横綱千代の富士が到達した「間」の極意

二〇〇八年三月一六日の大相撲春場所のＮＨＫ放送で解説者として招かれていた元横綱千代の富士がたいへん興味深い話をしていた。

彼は、相撲でもっとも大事といわれる「立ち会い」について、次のように語っていた。「立ち会いで当たった瞬間にちょっとした空間ができる。それを先に制した者が勝負に勝つ可能性が高くなる」。空間とは「間」のことで、まさに日本一の横綱が体得した極意である。残念ながら、真剣勝負抜きの興行的、ショー的な格闘技には、奥深い「間」を見ることはできない。

真の格闘技の試合中に発生する一瞬の「間」のせめぎあいを鑑賞する、というのも武道観戦の醍醐味のひとつである。

最近、相撲ファンであることを公言し、二〇一三年には福岡で九州場所を桟敷席《さじき》で観戦した元ビートルズのポール・マッカトニーは、「相撲は真の格闘技だ」と語っている。

ベテラン力士嘉風の不思議な土俵上感覚

二〇一八年の秋場所で活躍した関取・嘉風《よしかぜ》は、当時三六歳のベテランでありながらすばらしい土俵上の動きを披露《ひろう》していた。同場所で嘉風は、初日から横綱・日馬富士《はるまふじ》、大関・豪栄道《ごうえいどう》、関脇・玉鷲《たまわし》というズラリと並ぶ強敵を連覇し、その際のインタビューで次のように語った。「土俵上で、足の裏の感覚がめちゃくちゃ良い。水たまりを踏んでいるような、土俵に吸い付く感じに近い」。

じつに興味深いコメントである。空手道有段者である私にも似たような体験がある。私は六歳から父が開設した自宅の支部道場で空手を習い、一九七七年高校三年のとき主将として高校総体に出場し、幸運にも団体組手でベスト8になった。空手道も相撲と同様、足の運びに（運足という）すり足を使うことが多く、バタバタした足の運びでは腰が浮いてしまい良い技は出ない。

武道の運足（足の運び方）の基本はすり足である。すり足の起源は諸説あるが、「温帯モンスーン気候で泥濘《でいねい》の中での歩み方」という説は、水田稲作が伝播した古代日本では説得力がある。私自身、出場した全三試合すべてに勝利したときの体感であるが、そのときの足の裏の感覚は、試合場であった岡山県倉敷市水島体育館の板張りにピタッとフィットしながらも滑らかに擦るような不思議な感触であった。そのすり足感覚は、いまでもなんとなく足の裏に残っている。

「気配を消す」

忍者も我々日本人が想像する以上に、海外での人気が非常に高い。忍び、つまり忍者が活躍した時代は戦国時代から江戸時代にかけてである。忍者は隠密の武芸者であるので、自分が忍者であることを自分の家族にも教えないというきびしい掟《おきて》があった。現在も蠢《うごめ》く国際情勢のなかで多くのスパイたちが水面下で暗躍しているであろうが、当時の忍者ほど過酷で孤独な仕事がほかにあっただろうか。

忍者は貴重な情報を得ることが仕事であるから、周囲からその存在を消し去ることが大事である。つまり、忍者であることを一切悟られないこと、そして「気配を消す」ということである。それにはきびしい日々の特殊な鍛錬があり、それは、「半分起きていて半分眠っているような状態」をつくり上げる訓練であったと伝えられる。これを甲賀流《こうがりゅう》では「息長《おきなが》」という。現代でいえば、起きている状態（覚醒）と起床前の夢を見ているような状態（レム睡眠期）の中間的状態とでもいえるかもしれない。

忍者研究を行っている三重大学医学部（精神医学）では、この意識レベルについてのユニークな医学的研究を行っている。甲賀流を受け継いでいる中年男性の人に「息長」状態に入ってもらい脳波を調べたところ、α《アルファ》波という波が優位な状態で副交感神経も活発なリラックスした状態にあることが判明した。この脳波は座禅をきわめた人が瞑想《めいそう》に入った状態にも優位に出現するという。忍者の鍛錬と座禅には、共通点があったのだ。空手も「動く禅」と評価されている武道だが、その境地に達したものは何人いるだろうか。

「孤独になれ、でも孤立するな」

一方、それとは逆に、忍者は孤立してはいけないということも重要であった。素性《すじょう》をみせずに孤立するな、とはじつにやり方はむずかしく、「隠密は孤立するべからず」という矛盾に現代人の我々は戸惑ってしまう。

孤独になれとは、機密性を維持するために人と群れないことであろう。そして孤立してはいけない理由は、忍者は機密情報を聞き出すことが仕事なので、周囲から遠ざけられたり、怪しまれたりしては、元も子がないからだ。機密情報を聞き出すまでは周囲に信用される必要があり、忍者はさまざまな職種を装ってその地域に入り込み、人とのコミュニケーションに非常にたけていたという。

個人のネット環境が急速に発展した現代社会に照らし合わせても意義の深い教えではあるなとは思うが、何か背筋がゾッとするような掟でもある。ただ、新コロナのパンデミックによって在宅テレワークの仕事が増えた現状からみても、孤立化を避ける意義は実感としてよくわかる。

エピローグ

日本最初の国際人といわれる新渡戸稲造《にとべいなぞう》が、日本の武家社会に受け継がれた「武士道」精神を米国滞在中に英語で書き綴り（『Bushido』）、いち早く海外に紹介した。『Bushido』は多くの外国人に感銘を与え、海外での武道人気のルーツとなった。武士道は日本の標章《しるし》である桜の花にまさるとも劣らない、わが国国土に根ざした花ともいわれる。

武士道から派生した武道は、その一面をコンパクトに表現している。世界的に有名な宇宙物理学者であった戸塚洋二《とつかようじ》は和道流《わどうりゅう》空手の六段で、東京大学空手部長を務めた空手家であるが、学生時代にあえてなにも武器を持たず、手で打ち、拳《こぶし》で突き、足で蹴る「徒手空拳《としゅくうけん》」の空手に強く惹《ひ》かれた。さらに彼は、武道の極意《ごくい》は自然を素直に見る「自然科学」にも通じていて、空手の経験も研究の役に立っていると述べていた。

一九九〇年代にバブル経済が破綻して以降、日本経済は長く低迷したが、まだＧＤ

Pは世界トップ5の経済大国である。最近、「日本のソフトパワーは世界一注目されている」「日本人はもっと自信をもっていい」という批評をよく耳にする。その多くは、日本をよく知る外国人や外国をよく知る日本人から発せられているメッセージである。ある意味で辛辣《しんらつ》でもあるこの言葉は、日本の「失われた三〇年」を代弁している。

日本人が自信を取り戻す手段のひとつは、もはや西洋文化の追随ではなく、日本の伝統文化・芸術芸能の再評価であろう。精神を重んじる日本の武道は、それを一気にひっくり返せるゲームチェンジャー的な魅力をもっていると私は思う。

エノエダ・レガシー：九州男児・榎枝《えのえだ》慶之輔《けいのすけ》の「空手一筋」の人生は、騎士道精神が残るイギリスに、空手という若木を持っていって植え育て、ヨーロッパ中に満開に花を咲かせた匠の生涯を見るようである。彼の空手の指導に感動して、親子で黒帯を取ったという弟子たちが何組もいることに、素直に感動を覚える。

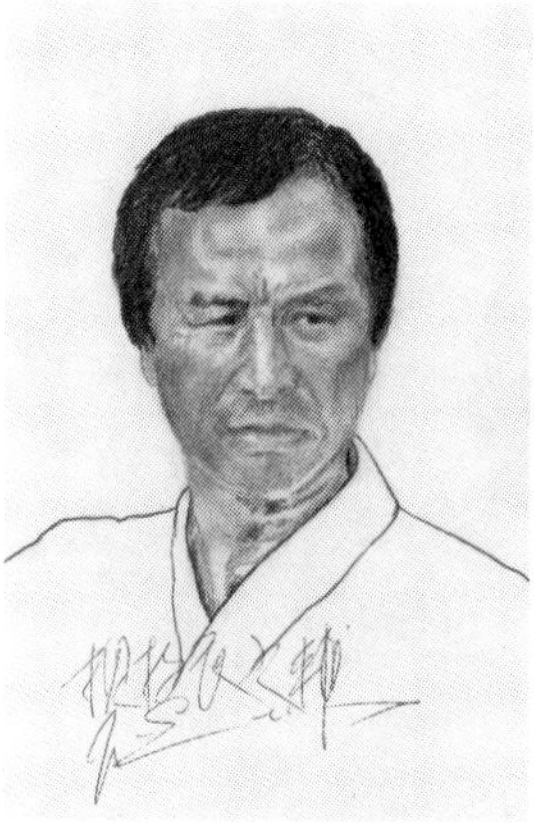

センセイ エノエダ イギリス人の弟子が描いた榎枝先生。1990年ごろ

死後二〇年以上たった現在でも、多くの弟子たちは「センセイ・エノエダには神が与えたカリスマがあった」「エノエダ・センセイとの思い出は大切な遺産」などとSNSで語り合い、涙ぐみ、思い出を共有する。それらに対して「エノエダ・センセイ、オス！」という明るい反応は限りなく多い。大きな声で「前蹴り一〇〇本！」と気合いを入れるセンセイ・エノエダの姿は、古き良き昭和の空手家の生き様であり、異国の地で「タイガー・エノエダ」を最後まで貫いたことは日本の誇りである。

私は今回の執筆にあたり、礼子夫人や妹の道恵さんをはじめとして彼をよく知る関係者に取材した際に、「ピンとひらめいた」ことがあった。当時の空手界の状況もよく知らず、また同郷という身びいきも否定はできないことをお許しいただいて述べさせていただきたい。

それは、あの偉大なる「空手界の嘉納治五郎《かのうじごろう》」といわれたJKA首席師範・中山正敏《なかやままさとし》の後任には、榎枝慶之輔がもっともふさわしい人物ではなかったか、ということだ。その思いを率直に礼子夫人に尋ねると、「中山先生が渡英してきた際にその要請は何度かありましたが、夫は多くの先輩方をさし置いて組織のトップを受けることはできません、と幾度も固辞《こじ》していました」という。いかにも榎枝らしいサムライ的対応である。

最後に、本書執筆にあたって、最大の協力をいただいた榎枝礼子様、榎枝道恵様、冨田英男元指導員、ＪＫＡ英国主任指導員・太田欣信師範、松井秀人師範、九州支部の橋口忍師範、拓空会の上野嘉久様、多数の資料を提供していただいた岩本昌弘様（拓空会）、ＪＫＡ本部の谷山卓也師範、元ＪＫＡ直方支部の神谷雅信指導員、榎枝氏と小中高同級生の森茂嘉様、江本美智子様、鞍手高校同窓の関谷洋子様、直方市の中村幸代様、元イギリスソニーの植山周一郎様ご夫妻、元福井県空手道連盟理事長・加藤文雄師範、そして出版の機会を与えてくださった敬文舎の柳町敬直社長に厚くお礼を申し上げます。

そして、本書を手に取ってくださったことを奇貨《きか》として、ひとりでも多くの読者が空手道の創成期に海外で精魂込めて種を植え、苗を育て、花を咲かせた先人たち空手家へのご理解を深めてくださることを祈念しております。

なお、本編集過程最終盤の七月一四日、（社）日本空手協会の首席師範という重責を長年務められた植木政明首席師範が逝去されました（享年八五）。ここに謹んでご冥福をお祈りいたします。

二〇二四年七月

江本　精

【参考文献・資料】

・新渡戸稲造『武士道』山本博文訳、ちくま新書、二〇一〇
・『日本の武道 空手道』講談社、一九八三
・Rod Butler Keinosuke Enoeda：Tiger of Shotokan Karate. Karate-London, 2004
・中山正敏『空手道新教程』鶴書房、一九六五
・（社）日本空手協会『空手道新教程シリーズ5』日本空手協会出版局、一九六九
・Dr. Clive Layton LIVERPOOL RED TRIANGLE KARATE CLUB and The Formation of the KUGB. KARATE UNION OF GREAT BRITAIN, 2007
・Enoeda K, Chisholm J. KARATE DIFFENCE and ATTACK Paul H. Crompton, Ltd. London, 1972
・中山正敏『ベスト空手』1巻〜5巻、講談社インターナショナル、一九七七―一九七八
・宮田実『拳禅一如』（社）日本空手協会九州地区本部技術局、一九九四
・「空手の形で気分爽快！」ＮＨＫテキスト『趣味どきっ！』6―7、ＮＨＫ出版、二〇二三
・（社）日本空手協会『月刊空手道』創刊号、一九七四
・『日本の武道　空手道』講談社、一九八三
・『福岡県空手道連盟20周年記念誌』正光印刷、一九八八
・「武術健康法」『太陽』9月号、平凡社、一九八〇
・川崎亨『英国紳士VS.日本武士』創英社／三省堂書店、二〇一四
・「空手道」『日本の武道⑥』大塚薬報722、二〇一七
・月刊秘伝特別編集『空手四大流派の真髄』ＢＡＢジャパン、二〇二二
・座談会「アラブ諸国と空手道②」『月刊空手道』第2号、一九七五
・小倉孝保『ロレンスになれなかった男 空手でアラブを制した岡本秀樹の生涯』角川書店、二〇二〇

・金澤弘和『我が空手人生』日本武道館、二〇〇二
・細川呉港『柔術の遺恨』敬文舎、二〇二一
・インタビュー スタン・シュミット『JKA NEWS』No.18、二〇二三
・Peter Lewis Martial Arts of the Orient Ward Lock Limited, London, 1985
・C・W・ニコル『私のニッポン武者修行』角川書店、一九八六
・高木正朝『嗚呼　風雪空手道』牧羊社、一九八八
・（社）日本空手協会九州地区本部技術局『拳禅一如』一九九四
・小池百合子「アラブ空手事情：ヤバーニからカラテ人へ」『月刊空手道』11月号、福昌堂、一九七八
・拓殖大学空手部ＯＢ会『拓殖大学麗沢會空手道部50年史』一九七九
・大森敏範『押忍とは何か？』三秀舎、二〇一六
・草原克豪『武道文化としての空手道』芙蓉書房出版、二〇一九

1966年	リバプールで金澤弘和師範とともに指導
1967年	ロンドンに異動。世界中から指導要請が相次ぐ
1968年	JKA 英国および欧州主任指導員となる。同時に英国空手連合(KUGB)の首席師範となり、ロンドンのマーシャルストリートに道場設立 (Shotokan Karate Centre)、世界でもっとも有名な松濤館空手道場といわれる
1969年5月17日	ドイツで知り合った東京出身の林礼子さんとサリー州のリッチモンド・レジストリー・オフィスで挙式。東京のホテルニューオータニで披露宴を行った後にバハマへ新婚旅行
1970年4月	六段取得。以後、欧州大会でイギリスチームを何度も優勝に導く
1971年12月31日	長男大輔誕生
1972年	世界大会(パリ) の団体組手競技で日本を破り 3位
1974年4月	七段取得
1975年12月14日	長女麻耶誕生
1985年10月	八段取得
1990年	世界大会(イギリス・サンダーランド) 男子団体組手戦では熱狂的な観客の声援のなか、日本を見事に倒して優勝。念願の世界一になる
2003年3月29日	東京の病院で鬼籍に入る (67歳)。 JKAから九段が与えられる。その時点でイギリス全土に 400以上の道場と約12000人の会員を有す。練習生を合わせると欧州全体では約30か国に 30万人、アフリカを含めると 50万人以上の門徒を有した。
4月9日	思い出の地クリスタルパレス体育センターで盛大な追悼式

榎枝慶之輔略年譜(戦歴および昇段履歴含む)

1935年7月4日	福岡県直方市にて出生
1942年4月	直方南小学校入学。高学年から警察署の柔道場で稽古をはじめる
1948年4月	直方第二中学校入学
1951年4月	県立鞍手高校入学。柔道二段取得。同郷の岡崎、入江氏(拓殖大学空手部)の演武を見て強い感動を覚える
1954年4月	拓殖大学(商)入学。同大学空手部入部、寮生活をはじめる
1955年11月	初段取得
1956年11月	二段取得、空手部主将
1957年	第4回拓空会杯・組手競技優勝
12月	三段取得
1958年3月	拓大卒業、社会人となり九州に戻る
1960年	日本空手協会研修生(本部道場)
1961年	第5回全国空手道選手権大会・組手競技三位
1962年	第6回全国空手道選手権大会・組手競技準優勝
6月	四段取得。本部道場上級指導員
1963年	第7回全国空手道選手権大会・組手競技優勝。大会会長の田中角栄から優勝杯授与。 インドネシア・スカルノ大統領の招聘にて同国に3か月滞在、空手の演武と指導を行う
1964年3月	五段取得
1965年4月	文部省の国際文化交流事業として、ハワイ、米国本土、欧州、南アフリカ(大統領に直接指導)を巡回して空手の演武と指導を行う。 イギリスに招聘される

	形の部		
3位	1位	2位	3位
中村雅秀	庄司　寛	坂本　勝	小山正二郎
中村雅秀	金澤弘和	三上孝之	斉藤　滋
佐藤正城　白井　寛	三上孝之	金澤弘和	斉藤　滋
浅井哲彦　岩泉　透	庄司　寛	三上孝之	金澤弘和
三上孝之　榎枝慶之輔	三上孝之	浅井哲彦	白井　寛
三上孝之　矢口　豊	白井　寛	三上孝之	岩泉　透
金澤弘和　矢口　豊	浅井哲彦	岩泉　透	中屋　健
宮崎　哲　越智秀男	植木政明	越智秀男	篠熊泰昌
高橋良昌	越智秀男	植木政明	高橋良昌
田畑祐吉　阿部圭吾	植木政明	越智秀男	高橋良昌
田畑祐吉　阿部圭吾	植木政明	高橋良昌	越智秀男
越智秀男　井坂明人	越智秀男	高橋良昌	井坂明人
山口　透　田畑祐吉	高橋良昌	山口　透	高階　栄
飯田紀彦　田畑祐吉	植木政明	高橋良昌	山口　透
矢野健二　佐々木善孝	高橋良昌	山口　透	井坂明人
田中昌彦	高橋良昌	大坂可治	井坂明人
早川憲政　沢田　茂	植木政明	大坂可治	高橋良昌
大坂可治　粕谷　均	植木政明	大坂可治	山口　透
ヒギンス（イギリス）	大坂可治(日本)	フガッザァ（イタリア）	ストラウフ（西ドイツ）
高橋俊介　矢原美紀夫	越智秀男	粕谷　均	内藤　隆
ウイロート（西ドイツ）	大坂可治(日本)	矢原美紀夫(日本)	フガッザァ（イタリア）
飯田紀彦　大坂可治	大坂可治	矢原美紀夫	内藤　隆
矢原美紀夫　大坂可治	大坂可治	越智秀男	井坂明人
井村武憲　山本英雄	大坂可治	矢原美紀夫	井坂明人
ホフマン（西ドイツ）	大坂可治(日本)	矢原美紀夫(日本)	カラミックス（ギリシャ）
森　俊博　坂田匡史	大坂可治	矢原美紀夫	井村武憲
山本英雄　矢原美紀夫	大坂可治	矢原美紀夫	相原智之
サリー（エジプト）	大坂可治(日本)	矢原美紀夫(日本)	サイド（エジプト）
香川政夫　古川　孝	大坂可治	矢原美紀夫	深見　彰
矢原美紀夫　小倉靖典	矢原美紀夫	香川政夫	小島弘己
立津明長　川和田実	香川政夫	相原智之	小島弘己
香川政夫　槌井孝幸	川和田実	香川政夫	深見　彰
橋口優次　大村藤清	川和田実	井村武憲	太田欣信
川和田実　今村富雄	川和田実	相原智之	橋口優次

空手道早期の選手権大会入賞者(JKAおよびIAKF)

年度	回	総合優勝	組手の部		
			1位	2位	
昭和32年	第1回		金澤弘和	津山克典	
昭和33年	第2回	金澤弘和	金澤弘和　三上孝之		
昭和34年	第3回	三上孝之	三上孝之	金澤弘和	
昭和35年	第4回		佐藤正城	三上孝之	
昭和36年	第5回	浅井哲彦	浅井哲彦	白井　寛	
昭和37年	第6回	白井　寛	白井　寛	榎枝慶之輔	
昭和38年	第7回		榎枝慶之輔	白井　寛	
昭和40年	第8回	植木政明	木坂克治	植木政明	
昭和41年	第9回	越智秀男	越智秀男	田畑祐吉	
昭和42年	第10回	越智秀男	越智秀男	大石武士	
昭和43年	第11回	植木政明	植木政明	越智秀男	
昭和44年	第12回	越智秀男	大石武士	飯田紀彦	
昭和45年	第13回	高橋良昌	大石武士	高橋良昌	
昭和46年	第14回	植木政明	大石武士	植木政明	
昭和47年	第15回		香川政義	大坂可治	
昭和48年	第16回		大石武士	井坂明人	
昭和49年	第17回		田中昌彦	飯田紀彦	
昭和50年	第18回		田中昌彦	矢原美紀夫	
昭和50年	第1回	IAKF 世界大会米国ロスアンゼルス	田中昌彦(日本)	大石武士(日本)	
昭和51年	第19回		大坂可治	早川憲政	
昭和52年	第20回 第２回	IAKF 世界大会 日本 東京	田中昌彦(日本)	デ・ミシェルス（イタリア）	
昭和53年	第21回	大坂可治	森　俊博	矢原美紀夫	
昭和54年	第22回	大坂可治	大村藤清	森　俊博	
昭和55年	第23回		森　俊博	大村藤清	
昭和55年	第3回	IAKF 世界大会 西ドイツブレーメン	森　俊博(日本)	ダチク（ユーゴスラビア）	
昭和56年	第24回		槌井孝幸	立津明長	
昭和57年	第25回		坂田匡史	森　俊博	
昭和58年	第４回	IAKF 世界大会 エジプト	山本英雄(日本)	ガァザローニー（イタリア）	
昭和58年	第26回		山本英雄	今村富雄	
昭和59年	第27回		山本英雄	香川政夫	
昭和60年	第28回	香川政夫	香川政夫	小倉靖典	
昭和60年	第１回	松濤杯 東京	川和田実	横道正明	
昭和61年	第29回		小倉靖典	今村富雄	
昭和62年	第30回		横道正明	椎名勝利	

タイガーと呼ばれた男

空手を世界に連れて行った榎枝慶之輔

2024年9月18日　第1版 第1刷発行

著　者　江本 精
発行者　柳町 敬直
発行所　株式会社 敬文舎
〒160-0023　東京都新宿区西新宿 3-3-23
ファミール西新宿 405号
電話　03-6302-0699（編集・販売）
URL　http://k-bun.co.jp
印刷・製本　中央精版印刷株式会社

造本には十分注意をしておりますが、万一、乱丁、落丁本などがございましたら、小社宛てにお送りください。送料小社負担にてお取替えいたします。

Printed in Japan ISBN978-4-911104-71-2